JN411540

읍내 동산 집에 걸린 달력

읍내 동산 집에 걸린 달력

김길웅 제8수필집

정은출판

| 작가의 말 |

길 위에서

먼 길이다
노독路毒에 빠져려도 걸었다
홀연 길은 지워지고
나는 길 없는 길 위에 있었다
내가 없었다
걸으면서도 길을 의심했다
목이 타던 그적, 길은 길인 듯 길 아니었다
돌아가 다시 걸었다
이악하게 길 내며 골짝을 질러 들판에 다다른 고행
혼자서 저벅저벅 걸었다
저기 능선
손닿을 듯한데, 아직도 나는 山 밖이다
맴돌아 더 나아가지 못한다
일찍이 산 그림자 내려
날이 상당히 저물면 밤이고, 머잖아 내가

갇혀 버릴지도 모른다
그래도 벅벅이, 그예 도달할 것이다
황홀하리라
무한 허공 속 가마득한
아! 저 절정

2020. 11.
읍내 동산 집에서
東甫 김길웅

차례

2 _ 첫새벽에

3 _ 정원의 돌을 품다

4 _ 나를 방목하고 싶은 날

5 _ 밤이 내리는 시간에

6 _ 달력은 시간을 방전한다

부록

1_저녁놀 앞에서

방목의 이유

토굴 속에 가둔다고 다 수행 아니다.

나를 구속하기 위해 해체하려 한다.

앞이 보일 만큼의 빛이 들 때, 다리 벋고 팔 베어 누울 수 있는 풀밭에 내 사유를 방목하고 싶다.

내게도 칼칼하고 엄연한 육성이 있다.

늦은 밤, 들짐승의 포효가 두려울지라도 떨리지 않는 싱싱한 눈빛이면 하루를 살아도 한 생애이지.

장맛비같이 줄줄 내리는 별무리의 광휘에 며칠을 밤잠에서 이완됐다고 서러울 것 하나 없다.

간간이 몸 들썩일 수 있어도 자유다.

풀잎에 매달려 춤추는 내 심박의 평화로운 율동이면 서산마루에 기운 해의 빈자리를 족히 메울 것을….

설령 삼시세끼 때우지 않고도 가슴 뛰는 환희를 만나야 한다.

너끈히 텅 빈 내 사유의 곳간에 틀어 앉은 쾌적한 고요의 베갯맡으로 소리 하나 들려오고 있다.

그것, 저 광활한 풀밭을 질러오는 중이네.

온종일, 노루란 놈 풀 뜯는 소리.

(2018)

청바지

청바지는 못잖게 '진'이란 이름으로 익숙하다. 파란색의 질기고 튼튼한 옷이면서 헐렁해 일하기에 편하다. 특히 미국인들은 작업복으로 입는다.

프로스트는 청바지를 즐겨 입었던 시인이다. 그는 청바지를 입고 일을 하다가 워커 밑창이나 사과상자 널빤지에다 시를 썼다. 그것도 아주 일상의 평이한 말로. 미국인에게 큰 공감을 불러일으킨 그의 시가 쉬운 서민의 언어에서 나왔다. 퓰리처상을 세 번 수상한 건 필연이다. 그에게 청바지는 작업복이면서 평상복, 일과 휴식 그리고 일상과 일상 아닌 경계를 넘나들었을 법하다.

청바지는 텐트 용 거친 실로 만든다. 그래서 질기다. 거기다 계절 불문이다. 또 남녀노소 할 것 없이 누구나 입을 수 있는 옷, 그것도 막 입을 수 있는 옷이라는 이미지가 강하다. 품위를 세우려 않는, 닥치는 대로 걸쳐 좋은 편의성 옷이다. 예술인들도 즐겨 입어 예전 대중음악 쪽에서 청바지와 통기타로 인기를 누렸던 한때의 분위기를 기억한다. 그건 전설이 됐다.

원로 수필가 윤재천 교수는 청바지로 유명하다. 그분은 어떤 행사에건 거리낌 없이 청바지를 즐겨 입는다. 청바지가 격식을 깨는 게 아니라는 확고한 신념을 갖고 있어 가능한 일이다. 더욱이 문화예술 행사에 정장도 아닌 청바지 차림은 아무나 할 수 있는 선택이 아닌 용기가 필요한 일이다. 청바지를 입은 윤 교수님의 문학 강의를 들은 적이 있다. 노타이에 청바지가 시선을 끌었다. 야릇하기커녕 신선했다. 수필을 인간학이라 풀어 놓는 유창한 강의에 감동했다. 땀 흘리는 일의 현장에 입는 청바지를 입어 그분의 언어가 더욱 싱그러웠는지도 모른다.

나는 이 나이에 이르도록 청바지를 입어 보지 못했다. 웃통도 마찬가지다. 오래전 아내가 상하 한 벌을 사고 와 입어 보라 했다. 다짜고짜 강권하는 바람에 걸쳐 보았다. 성에 안 맞는 걸 억지로 입었으니 내 옷이 될 리가 없다. 사온 사람 성의를 생각해 언제 입는다 하곤 밀려 놓았다. 몇 해 지나더니 안 보인다. 어떻게 처분했는지 모른다.

아내가 느닷없이 청바지를 사고 들었다. 하나도 아닌, 둘이다. 여름과 나머지 세 철에 입게 하겠단다. 이 사람이 청바지에 맺힌 게 있나. 내게 기어이 입힐 모양이다. “평생에 청바지도 입어 봐야지, 원.” 이쯤 되고 보니 제대로 얻어걸렸다. 사양한다고 넘어갈 것 같지 않다. 시무룩이 그냥 있을 수 없어 두 손 들고 말았다. “그래요. 입지, 뭐.” 내친 김에 입었더니 느슨한 착복감이 좋다. 몇 마디 주고받으니 착복식까지 치른 셈이다. 못 베긴 척 입게 생겼다.

다림질할 때 물 뿌려 촉촉해진 옷처럼 요 몇 년 새 사람이 눅눅해진 걸까. 입자, 청바지를 입자, 마음 다잡는다. 이런, 안 입던 옷도 한번 입어 봐야지. (2020)

잡초

-괭이밥

저도 겨우내 언 땅에서 옹송그려 봄을 기다렸을 테다. 정원의 나무며 풀도 그토록 기다려 온 봄이다. 기다림 뒤 성큼 눈앞으로 온 봄이라 더덩실 춤추며 맞이하는데 눈 흘기는 건 사람답지 않다. 애초 신이 만물을 창조할 때 땅이며 바다며 산이며 허공까지도 공정하고 평등하고 정의롭게 나눠 가지라 일깨웠으리라. 생을 누리면서 각자 도생토록 개개의 처지를 존중하라 무언의 계시가 있었으리라. 그걸 일러 자연의 결점 없는 이법으로, 명징한 섭리라 했으리라. 한데 신성한 신의 뜻은 오래잖아 너덜거리는 남루가 돼 버렸다. 처음으로 이 아름다운 조화를 깬 것이 인간이었음을 시인한다. 탁월한 지능을 무기로 지상에 존재하는 온갖 생명을 장악하기에 이른다. 안온한 질서는 원시에나 있었다. 지금의 질서란 인간에게 저항하지 못한 채 체념해 버린 수많은 타자들의 굴욕 위에 세워진 것일 따름이다. 마당에 봄비가 내리더니 잔디가 파랗게 회생한다. 놀라운 생명력에 축제의식이라도 치르듯 마당 둘레를 돌다 소스라쳐 놀랐다. 불그데데한 녀석들이 비죽이 고개를 쳐들고 있지 않나. 괭이밥. 잔디마당을 가꾸며 서른 해를 죽자 사자 날 끝으로 파낸 녀석들. 한둘이 아니다.

잔디 틈에 슬그머니 한자리 틀어 세 확장에 잔뜩 독이 올랐다. 울화가 치민다. 호미로 쪼아 댄다. 아주 영특한 놈들이다. 제 줄기를 끊어 움츠렸다 재생을 도모하는 녀석의 방어기제가 놀랍다. 잔디 틈을 우벼 가며 뿌리를 찾아 뽑아내지만 완벽하지 않다. 금세 이전처럼 그들과 티격태격 다시 갈등 속으로 들어서고 있다. 웬만하면 녀석들을 놓아 주고 싶다. 내게 그만한 마음은 있다. 하지만 저들은 시종 우격다짐이다. 방임하면 잔디마당을 망쳐 놓는다. 잔디마당은 내 생에 원하던 것인데 녀석에게 내 주는 것이 돼 버린다. 정의로운 판관이라도 마당에 불러 세우고 싶다. 설령 그럴진대 어떤 선고를 내릴까. 내 진정이 심리에 참작이 되긴 할까. 최후의 진술에 나설 테다. 딱 한마디, 내 영역도 존중해 달라 할 것이다. 원컨댄 제발 잔디 밖으로만 나가 줬으면 좋겠다. 그러기만 한다면 나도 날 연장을 들이댈 하등 이유가 없다. 무기를 일시에 거두리라. 뿌리 내릴 버려진 땅이 주변에 널렸다. 협상 테이블에 불러 앉혀 제 발로 걸어 나가 달라 속정을 토로하고 싶다. 말을 걸고 싶어도 소통이 안되니 속만 울울하다. 내게도 문제가 남아 있지 않나. 아직도 나는 인간으로서 우월하다 턱을 치세운다. 일방적 · 독선적이다. 녀석이 눈을 맞추려다 고개를 돌리고 있다. 문제를 풀어 줄, 누굴 불러야 하나.

(2018)

김치찌개

아침. 주방에서 아내가 부른다. 한걸음에 가 앉는다.

식탁엔 갓 뚜껑을 연 큼직한 오븐에서 모락모락 솟는 김이 확 얼굴을 끼얹는다. 금세 김이 걷히고 드러난 굵직굵직 썰어 놓은 허연 양파, 김치, 흑돼지오겹살, 팽이버섯, 두부, 괜찮은 조합이다. 아내가 주걱으로 휘저으며 앞 접시에 서너 번 떠 넣는다. 침이 돈다.

맨 처음 집어든 것은 오겹살, 아내는 도톰하게 칼질해 깊은 맛을 낸다. 까만 가죽에 잇댄 비곗살에 눈이 가 있다. 비방이 별거 아닌 듯하다. "돼지고긴 한 점을 먹어도 이렇게 썰어야 푸져요." 그래서인가. 평생 돼지고기를 끊임없이 먹는데 질리지 않는다. 육식 체질인 식성을 읽어 주니, 이런 은혜로울 데가.

"양파가 몸에 좋으니 골고루 먹어요." 으레 한마디 할 걸 알아 반박자 앞서 젓가락이 양파에 닿아 있다. 살짝 익힌 거라 향이 그냥 남아 있다. 살강거리는데 거슬리지 않는다. 음식은 씹히는 맛이 있어야지. 팽이버섯도 보드라운 게 제 맛을 거든다. 넉넉히 넣은 두부가 김치와 협동으로 찌개 맛의 핵심에 기여하는 듯, 오늘 따라 맛이 별나다.

"햐, 김치찌개, 죽인다." 젓가락 두세 번 올리고 감탄을 터트린다.

“그래요? 당신 맛있다니까 나도 맛이 돋아나는 것 같네.” 대답보다 아내의 함박웃음에 눈이 꽂힌다. 활짝 따라 웃는 아내.

며칠 만인가. 고사리 볶음, 고등어조림, 감자볶음, 계란반숙. 아내는 이러다 어느 주기에 김치찌개를 끓인다. 아내의 묵은 손맛을 인정한다. 아내는 조미료를 치지 않는다. 그러고 맛깔을 내는 비법이 있는 것 같다. 그래서 자주 엄지를 세워 코밑으로 들이대곤 한다.

“짜지 않아요?”

“안 짠데. 입맛에 딱 맞은 걸.”

“당신 입맛에 맞는다는 걸 보니 좀 짠 것 같은데….”

“그냥 먹어요. 맛있게 먹으면 되는 건데 뭘.”

몇 마디 주고받는 새, 앞 접시가 바닥이 났다. 공기 밥도 싹쓸이다. 국 없이, 아침식사 뚝딱.

우유에 커피 타 가열해 마시는 티타임. 밖엔 강풍이 지나지만 차향이 유별나다. 마주 보며 웃는다.

“잘 먹었어요. 김치찌개 덕분에….”

“무슨….”

한 끼 해결했다. 설거지하는 아내의 뒷모습이 평안한 아침.

(2019)

설거지

설거지는 일상이면서 일상이 아니다. 그것은 형이하가 아닌 형이상의 영역으로 일상 속의 새로운 천착이고 발견이다. 만남이다. 유창하게 삶을 확인하고 도모하고 추진하는 행위, 질곡으로부터 자신을 규율하는 질서다. 속박이 아닌 그것에서 탈출하는 것, 종내 이탈이면서 포용이다. 노년에 이런 터득은 소중한 잉여 가치쯤 된다. 그 가치를 습득하기 위한 당연한 학습이다. 젊은 시절에는 '사회화'에 몰두했지만 늘그막엔 '가정화'해야 한다. 터득이었다. 그 첫걸음을 떼는 게 설거지다.

쉽지 않다. 물로 그릇을 씻는 일을 하찮게 볼 게 아니다. 무슨 도식이나 특별한 기술이 있는 게 아닌데도 쉽지 않다. 요령과 절차가 있고 과정에 따라 눈이 가고 손을 놀려 줘야 한다. 뇌의 지시에 충실할수록 손쉽게 진행되는 건 묘리다. 그만큼 하나의 맥락에서 협동적이다. 주어진 시간에 깔끔히 치러낼 수 있는 종합적이고 복합적인 노역의 결과는 반들반들 빛이 난다. 이 일이 생산적인 것을, 하고 난 뒤에 오는 뿌듯함에서 매번 느낀다.

밥을 먹는 것, 곧 삶이다. 밥을 먹고 난 뒤의 치다꺼리야말로 그 삶을 다시 하려는 것이니, 얼마나 엄중한 실천인가. 재충전을 위한 배려이고 경건한 자기 성찰의 한 방편이다.

나는 늙어서야 이 중요한 일에 착수할 수 있었다. 세제로 씻고 헹구고 행주로 다시 헹궈 건조대에 넣고 소독하고 말리기 위해 단추를 누르고 나서 손을 씻어 닦고. 치기로 소꿉놀이를 하는 게 아니다. 가사에 종사하는 참여자의 엄격한 임무이고 일 없는 이 나이에 내 지위와 터수를 보완하기 위한 엄연한 책무다.

아내가 어깨의 통증을 호소해 왔다. 병원에서는 수술을 하라는데 본인은 고사한다. 퇴행성인데 무슨 대수술이냐는 것. 결국 오른팔을 못 쓸 지경이다. 그 즈음, 나는 "향후, 설거지는 내 몫이다."고 내게 선언했다. 두 달째. 상당히 익숙해 간다. 그릇에 찌꺼기나 세제가 묻어 있으면 불합격, 그것들은 마른 뒤에야 나타났다. 그걸 알아냈다. 나로서는 놀라운 탐색이었다. 인지능력의 발현이고 지각이고 응시였다.

설거지는 미루면 겹겹이 쌓인다. 수평과 수직으로 불어나는 더미의 진풍경에 질린다. 질리지 말아야 한다. 먹고 난 족족 개수대 앞에서서 팔을 걷어붙인다. 쏴아, 수도를 틀면 쏟아지는 물소리에 정신번쩍 든다. 설거지로, 이렇게 아침을 시작하고 저녁을 마감한다. 그새 제법 익숙해졌다. 노래 한 가락 흥얼거리며 손을 놀린다. 나는 존재한다.

(2019)

납골당

생과 사가 하나라는 생사관을 갖기는 어렵다. 죽음을 '돌아간다'라 한 것을 보면 삶과 죽음이 그게 그것으로 다르지 않은 것 같은데, 인식은 쉽지 않다. 명암 · 유명이라 하는 말처럼 뚜렷이 다른 두 세계라는 생각에서 벗어날 수가 없다. 내게 있어 그런 인지 체계는 죽음에 대한 심한 공포를 수반한다. 그 공포는 대개의 경우, 혼자 잠들어야 하는 밤에 엄습해 와 사람을 옥죈다.

하지만 아침은 언제 그랬냐는 듯 사람을 삶의 현실로 몰아세운다. 간밤의 그 음습한 기억 따위는 가뭇없이 사라져 온데간데없다.

평온하게 와 있는 일상 속으로 어느새 활개 치며 파고든다. 사방이 다퉈 움직이고 있다. 시골마을이 깨어나 흥청거리고, 지하철을 탄 사람들로 도시가 북적거린다. 팔고 사는 사람들로 시장이 시끌벅적하고 거리엔 오가는 차들로 넘실거린다. 논밭으로 나가는 농부의 잰걸음, 바다엔 넘실대는 어부의 노래, 학교를 향해 내달리는 어린 학생들의 활기찬 발걸음, 활강하는 새들의 선회와 비상의 날갯짓. 눈길이 가는 데마다 어디 한곳 멈춰 선 데라곤 없다. 의욕에 차고 넘쳐 용량 초과다. 밤새 가둬 놓았던 보를 일시에 확 열어 버린 것같이 들끓는 세상이다.

일의 현장에서 죽음을 생각지는 않는다. 살기 위해 그럴 경황이 없다. 과연 낮은 명확하게 빛으로 보장된 밝음의 시간이다. 어둠을 몰아낸 빛의 시 · 공간 위로 칙칙하게 눅은 사유가 들어설 한 뼘의 빈자리도 없다. 일하며 대화하며 생산에 기여하는 자들에게만 허여되는 빛의 세상은 종일을 두고 역동적이다. 현장에서 흘리는 땀은 살아 있음의 유의미한 가치다. 사람은 평생을 땀 흘리며 사는 가치 실현의 노역을 마다 않는다. 그게 삶이다.

고비가 있었다. 나이에 책임져야 할 마흔까지도 어둡고 무거운 생각에 머무를 짬이 없었다. 마흔이 잦아들 무렵, 쉰의 문턱에서 눈이 먼 데로 가 있곤 했다. 귀밑머리가 하얘지면서 그랬었나. 삶 속으로 엄습해 오는 허무의 그늘, 그게 순간순간 나를 뒤덮으며 은근슬쩍 겁을 주더니 날이면 날마다 표면적을 넓혀 갔다. 그것은 심상한 것이 아니었다. 깊고 넓게 나를 붙들어 앉혀 놓아 암울하게 했다. '인생이란 얼마나 무상한가.' 덫에 걸려든 나는 간간이 한낮에도 죽음을 생각하게 돼 갔다.

예순은 또 한 고비였다. 내 의식을 한 차례 뒤트는가 싶었다. 나는 어느새 자다 깨어 눈을 번쩍이고 있었다. 삶은 얼마나 고귀한가. 그리고 소중한 가치인가. 삶은 그것이 다한 지점으로 또 하나의 다른 생을 부를 것이다. 나는 잠시 동안 그 연속선상에다 몸을 맡겨 놓고 있을 뿐이다. 정신이 번쩍 들었다. 철학의 체계적 터득이 아니나, 그것은 전혀 보통으로 살아가는 여염한 삶 속의 작은 깨달음이었다.

일흔은 별다른 고비로 뒤척이지 않았다. '자연' 속으로 생각이 끌리고 마음이 닿아 있었다. 그러려니 하게 돼 갔다. 시간이 쌓이면서 이만큼의 나이를 먹었으니, 때가 내 앞으로 내리면 또 하나 그런 획기적 구분이 오겠지 하는 것이다. 그럴 수밖에 없으니 그렇게 돼 가는 인생, 세상 이치와 다를 게 별반 없지 않나.

납골당. 오래전부터 고민하던 일이었다. 처가 선영이 문제다. 일본에 살다 타계해 이곳 선산에 든 빙장 슬하에 세 아들이 있으나 벌초 같은 한국의 풍속을 모른다. 또 그들은 일본으로 귀화해 일본인이 된 지 오래다. 혼자 30년 넘게 처가 벌초를 해 왔지만 일흔을 넘으며 손을 놓게 된다. 납골당에 봉안하기로 해 참한 장의사의 손을 빌렸다. 선묘 몇 기도 함께 모셨고 지척 간에 우리 내외의 자리도 일찌감치 마련해 놓았다.

전통사찰 관음사 영락원에 봉안하는 날, 스님을 모셔 염불제례를 올렸다. 산기슭을 울리고 내리는 독경 속에 큰절을 올려 절차를 모두 마무리했다. 우리 가족이 자리를 함께했을 뿐 처가 쪽엔 한 사람도 없었다. 나라 안에 올 사람이 없다. 텅 빈 자리가 쓸쓸했다.

이상한 일이다. 양쪽 선산을 납골당으로 옮긴 뒤로 사람의 사후가 마음에 걸리기 시작했다. 이전의 그 음습한 생각이 병처럼 도져 오지 않는가. 한 칸 비좁은 공간에 밀폐된 유골항아리가 자꾸 눈앞에 어른거린다. 마지막에 사람은 저렇게 되는구나. 더욱이 우리 부부가 들어갈 그 자리. 납골당을 계약하던 날, 큰아들이 뒤로 나를 끌어안더니 큰 손으로 내 얼굴을 쓸어내리던 게 생각난다. 말없이 내 얼굴을 감싸며 아들은 무슨 생각을 했을까.

봉분을 올리지 않고 묘역만 없을 뿐, 납골당은 무덤의 다른 모습이다. 매장하면 봉분을 이루는 것이고 화장이면 유골항아리가 남는다. 이제 관음사 영락원은 조상들과 우리 내외의 영원한 뫼자리다. 우리 부부, 그리 멀지 않은 날에 몇 걸음 앞뒤로 하고 저기에 들어 영면하게 되리.

이따금 납골당의 그 빈 칸이 떠오를 때가 있다. 그때마다 아무 말 없이 그곳의 분위기를 좀 더 구체적으로 되새기게 된다. 돌아올 추석엔 가족들과 함께 가 참배하고 오리라. 묘처럼 흩어져 있지 않고 한자리 모셨으니 나들이도 편하겠다.

비어 있는 자리, 우리 부부가 들 그 자리를 눈여겨보게 될 것이다. 볼 수 있을 때 눈에 익혀 두면 들어가는 날 임의로울까.

(2019)

저녁놀 앞에서

저것 보아라고, 아무도 불 지르지 않았다. 저건 처음부터 무위였다. 진즉 화의畵意는 아무것도 칠하지 않는 것, 탐할 거라고는 티끌 하나 없는 허공일 뿐 그냥 시간 속에 방임해 두려 한 것이었다.

타오르는 저 불길, 운동하며 이글거리다 정지해 불덩이 된 벌건 저 화염은 어디서 발원한 것인지. 다 태워 소실하려 함이되 하루를 내려놓으며 제 몸 저리도 활활 불사르고 있으니….

저녁놀이 바다로 자맥질한다. 바다가 벌겋게 달아올라 아이처럼 상기된 얼굴로 놀을 품는다. 일렁이며 남실대며 사위 고즈넉하다. 하늘과 바다의 경계가 지워진 혼돈 속, 숨죽인 저녁 바다의 고요.

옥상에 올라 서편을 바라보다 어느새 저녁놀 속으로 들어선다. 눈이 이르는 처처에 놀빛이다. 놀 속의 구름, 온몸에 놀을 두른 숲, 한 조각 놀빛을 물고 하늘을 날으는 새의 날갯짓. 꽃도 풀도 돌도 고물거리는 벌레도 타는 놀빛이다. 만상이 놀 속에 서 있고, 놀 속에 앉았고, 놀로 누워 다들 놀 속에 잠겼다.

저녁놀 앞에 선다. 들리지 않으나 내게 무슨 말을 하는 것 같다. 불타는 언어의 강렬한 조합. 하루의 무게에 겨워 흐느적거리던 몸이 왠지 평안하다.

이전에 훔친 적 없는 익숙지 못한 일이나, 빛깔에서 그 행간을 읽으려 한다.

이제 무얼 더 가지려 할 것이며, 무슨 일에 매달릴 것인가. 길지 않은 시간을 불사르는 놀처럼 저렇게 타오르면 되는 것인데, 못 다 한 정이며 다하지 못한 말도 그냥 품은 채 알짜로 농익게 놓아두어도 좋은 것인데. 부둥켜안으려던 탐착의 일, 놓치고 싶지 않던 집착에서 떠나고 나면 남으리라는 떠난 뒤의 충만한 부재. 나 언제 그런 잉여의 소유에 마음 머무른 적이 있었나.

이런저런 인과의 질긴 매듭에서 풀려 나와야 한다. 저녁놀이 저토록 붉은 이유가 따로 있었다.

저녁놀 앞에서 지금 나는 하루를 역주행하고 있다. 동살 트던 무렵에 깨어나 방 안으로 밀려든 새벽 서기에 차곡차곡 쟁였던 싱싱한 희망의 말들, 자신을 꼿꼿이 세운다던 자존의 약속들, 가까이서 함께 늙어 가는 사람에게 보내던 사랑과 신뢰의 눈빛. 그것들을 붙들고 지냈던 오늘 하루가 제법 대견하다. 거치적거리나 뒤틀리진 않았고 허투루 냅다 버리지는 않았던지. 하루를 사는 걸 마치 평생을 살 듯 간절했는지, 그리하여 이 순간, 저녁놀 앞에서 살아온 하루를 저처럼 활활 태울 수 있는지, 그래도 지나온 하루라는 시간의 끝자락에 회오의 말 한마디 남을 것이면 그걸 끌어안아 눈물 글썽일 수 있을까. 그렇게 자신에게 혹독할 수 있을까.

문득 눈앞으로 다가온다. 세상을 달리한 얼굴들. 김, 김, 안, 고. 이승을 서둘러 버린 그들은 어느 날 갑자기 저녁놀 앞에 섰을까. 그리

하여 무슨 생각에 잠겼을까. 환갑을 전후한 길지 않은 개인사를 주섬주섬 싸들고 나서며, 가족에게 무슨 말을 남겼을까. 차근차근 마름질 못하는 바람에 잘 마감 안된 일을 끝내는 서툰 사람이 말인들 제대로 했을까. 정리되지 않은 말은 또 다른 슬픔을 불렀을 것인데.

그들 중 앞의 김. 서울 사는 아들네까지 불러들여 찍은 가족사진 속의 그는 피가 다 빠져나간 사람으로 헐렁하게 서 있었다. 외아들 곁에 갓난이를 안고 있는 며느리가 눈길을 끌었다. 대를 이을 아이다. 그 아이가 사진의 의미였다. 그는 그렇게 지독히 외로워 보였다. 턱없이 큰 사진이 마루 벽에 걸리고 며칠 뒤 그는 눈을 감았다. 빈소를 찾았다. 문상하고 문간을 나서는데 눈앞에 저녁놀이 타고 있었다. 눈을 뜨지 못하게 눈이 부셨다. 아이들을 가르쳤던 한 생애가 이글이글 타오르는 것 같았다.

나는 그보다 훨씬 길게 살고 있다. 저녁놀 앞에 서서 왜 그를 떠올리게 되는가. 누가 하늘에 불을 질렀겠는가. 저녁놀은 하루의 잔상일 뿐이다. 얼마나 천연덕스러운가. 아무도 불 지르지 않았다. 어느 화가의 강렬한 붓질도 아니다. 그냥 타오를 뿐, 그냥 자신을 사위고 있을 뿐. 저녁놀은 추상이 아닌 구상이다. 사실을 재현해 채색한 진경眞景 풍경화다.

저 현란한 수사를 다만 화려하다는 이유만으로 한낱 미문美文이라 이르지 마라. 그건 허물로 남을 부질없는 한마디인 것을 알라. 저 앞에 그냥 침묵하여라.

(2018)

좌와기거

특별히 추리거나 내놓을 게 없는 일상이니, 좌와기거라 해 좋다.

먹고 자고 일어나 서성이고…. 하는 일이 별스럽지 않으니 신기新奇할 것도 없다. 자극은 개날에 한 번 도 날에 한 번 있을까 말까 한 것이 내 삶이다. 별난 일을 하고 있는 것이 아니니, 통상 하는 방식에 몸을 놓고 산다. 편안함에 이골이 난 것인데, 변화를 주려 해도 뜻 같잖다. 과거에 매몰된 관성에서 달아나야 하는데 쳇바퀴나 돌리고 있으니.

의식이 깨어 있어 길이 보이고, 사람으로 살려는 일련의 일에 매진하려는 의지는 있으니 자그마치 위안이다.

잠들어 있는 시간이 그리 길지 않다. 하루를 길게 사는 방법으로 돼 있다. 새벽 세 시쯤 해 깨어나면 동창을 열어 바깥 공기를 안으로 끌어들이며 어제와 다른 날을 연다. 비몽사몽에서 깨어나 살아 있음을 확인하며 큰 숨을 몇 차례 쉬는 버릇이 있다. 폐활량의 임계를 오가는 들숨날숨이다. 신선감과 함께 허파꽈리까지 팽팽히 채우며 포만감에서 생리 상태를 점검하는 자가진단 방식이다.

나는 정년퇴임해 열 몇 해 동안 건강검진을 딱 한 번 받았다. 받으러 가 봤자 별 것 있겠느냐고 등한해 온다. 그런데도 몸에 별 문제가 없으니 기가 살아 그쪽에 관심을 끄고 산다. 간간이 몸의 눈치나 살핀다.

방안에 넘실대는 새벽 공기는 나를 기어이 책상머리로 밀어 앉힌다. 투명한 시간이다. 시를 만나려 버둥거린다. 다작이라 대상물을 수없이 시 속으로 거둬 왔으니, 새로운 소재를 건지기가 쉽지 않다. 사람들이 새벽잠의 고비를 가파르게 오르내리는 시간, 나는 혼자다. 먼 아침을 앞으로 꺼당긴다고 보챈다. 뒤척이는 감정의 골짝을 지나 사유의 능선을 수없이 내왕한다. 외진 방황의 끝자락으로 떨어지는 시 한 편 받아쓰기할 때면 신명이 난다.

이렇게 열어 가는 하루지만 실은 어제가 오늘이다. 그날이 그날로 일상 속을 둥둥 떠 내린다. 끙끙대며 접은 종이배를 개울에 띄우던 아잇적 장난 같아 실없이 웃기도 한다. 하지만 이 하잘것없는 노역에 자신을 묻고 지내니, 모를 일이다. 아이에게 배는 꿈이고 미지를 향한 항해지만, 내게 하루란 시간은 늘 그 자락에 머무른다. 그래도 뭔가 나를 도모하고 있긴 할 테니, 이런 하루를 나는 즐기게 됐다.

한 달 두 번 나가는 글방강의와 다달이 하는 사회복지신문 편집일 말고 세상으로 몇 번이나 나들고 있을까. 횟수를 늘리고 폭과 둘레를 넓힌다고들 하나 나는 매달리려 않는다. 자신을 최소의 사회생활에 묶어 놓아도 될 때가 됐지 않은가. 간소함과 단순화를 선호하니 심신이 구름을 탄 듯하다.

정원을 거닐며 나무에게 말을 걸면 즐겁다. 대화가 절정에 이르는 것이 한겨울 발가벗은 낙엽수 앞에 설 때다. 두텁게 입고도 몸을 떠는 우리 사람이란 얼마나 섬약한가. 결핍해야 말이 되고 글이 나온다. 순간순간의 호흡을 허공에다 기호로 그렸다 백지에 옮겨 시가 되기도 한다.

어느새 텃밭에 멈춰 서 있다. 올가을, 가까이 사는 문우가 상추와 배추 모종을 갖다 심어 주었다. 복합비료까지 뿌리더니 하루 다르게 자라 싱그럽다. 상추는 뜯을수록 싱싱하게 돋아나는 묘한 푸성귀다. 육보시하기 위해 태어난 듯 사나흘이 지나면 새잎을 내밀어 주인을 기다린다. 김매고 가을 가뭄에 물주는 일이 불쑥 생겼다. 단조한 일상에 포개 넣을 작은 기쁨이다.

마당 남쪽 돌 탁자는 내 사색의 장이다. 여기에 앉아 읽고 쓰고 하거니와 잡다한 사념에 잠기도 한다. 이곳서 무더위를 식히며 깨달은 게 있다. 폭염 속에 그늘이 깊다는 사실. 결코 소소한 것이 아니다. 지나쳐 버리기 쉬운 사금砂金 같은 진리다. 눈 번쩍 띄었다. 여름의 유례없는 폭염 속에 나를 깨어나게 한 곳이다.

일간지와 인터넷신문에 칼럼을 올리는 것이 일상이 됐다. 일주일에 한 번씩, 한 달이면 여덟 번을 써 보내야 한다. 좀 버겁다. 하지만 어기지 않고 해 내면서, 내 근기도 괜찮은 편이라고 자평하며 웃는다. 힘들지만 계속 쓰려 한다.

하루에 글 몇 줄 끼적이지 않으면 마음이 무겁고 몸도 천근이 된다. 이걸 단지 강박관념이라 하지 않는다. 안 쓰면 일에서 손이 놓여나 있다. 심리적 제약 현상이긴 하다. 몇 줄의 시, 별치 않은 수필이어도 한 편 써야 간신히 풀려나 속이 누그러진다. 이상한 일도 다 있다. 글쓰기도 중독되는 모양이다. 안 쓰고는 못 배겨 쓸 수밖에 없어 쓴다 한 청마 시인의 목소리가 뚝뚝 귓전으로 진다.

글에 헤매는 걸 눈치 챘을까. 얼만 전부터 아내가 별난 커피를 달여 난실로 나를 불러 앉힌다. 커피와 우유를 교묘히 섞었는지 맛이 부드레 달달하다. 꿀을 탔다 한다. 전에 없던 맛에 끌려 매일 시간제로 이어진다. 마침 한란이 개화해 향을 내뿜는다. 우연한 일이 아니다 싶어 입이 헤벌어진다.

옮아앉는 곳이 책상머리. 자판을 두드린다. 시였든, 수필이었든 활자와 한 판 힘겨루기를 벌인다. 그냥 줄다리기가 아닌, 뼈마디 맞부딪는 가슴앓이다. 세안하기 전 피차 민낯의 만남, 식전이라 적당히 허기지니 넘치지 않게 채우리라.

작품이야 어쨌건, 나는 글을 떠날 수 없는 사람이 돼 있다. 좌와기거에 빼놓을 수 없는 것이 글쓰기다. 안 쓰면 목마르고 허기가 와 있다. 쓸 수밖에 없다. 구름 타고 떠내리니 뼛속에도 글이다.

(2018)

조류潮流의 바다

만조 때면 바닷가 동네 끝집 마당에 물이 찼다고 소문이 돌았다. 집 앞길도 바닷물로 넘쳤단다. 한데 용케도 그 집은 고립된 적이 없었다. 나와 동갑이던 그 집 아이는 바짓가랑이를 걷어 올리고 학교에 갔다. 어른들은 바닷물이 출랑이던 마당에서 곡식을 타작하고 널어 말렸다. 신통했다. 간조 때가 되면 물이 빠져 원래로 돌아오곤 했다. 그래도 간만의 격차로 물이 제대로 빠지려나, 어쩌려나. 어린 가슴이 콩닥거렸다. 이 회상은 몇 걸음이면 닿는 바다 가까이서 자라며 궁금해 하던 일로 아직도 기억 속에 유효하다. 바닷물을 끌어올렸다 몇 시간 뒤 도로 끌어내리는, 달의 인력이 소년에겐 신비에 싸여 있었다.

바다를 떠올리노라니, 조석 간만이 속으로 슬그머니 흘러들었다. 시간이 하는 일이다. 시간엔 사람이 제어할 수 없는 상당한 흡인력이 있을 거란 상상이 얼마든지 가능하다. 다만 바다의 조석간만이 사람에게 인생의 한 과정으로 오는 그게 다를 뿐이다. 유 · 소년, 청 · 장년, 노년 같은 주기적 변화가 그럴 것이다. 간만을 가르며 내 속을 서성여 온 조류가 요 몇 년 새 늘그막의 언저리를 흐르며 어슬렁거린다. 이젠 야차夜叉처럼 달라붙어 시나브로 짙고 깊어 간다.

내 안의 간조干潮_

하늘에 뜬 기구같이 팽팽하던 충만감이 쪼글쪼글 바람 빠진 튜브가 돼 간다. 육신을 싸고 있는 거죽이 축 처져 헐겁고 느지막하다. 눈에 들어오는 변화에 놀란다. 내 안의 바닷물이 줄어들어 수위가 눈에 띄게 낮다. 근력을 키우려 안간힘이지만 성과 별로라 전전긍긍이다.

사람과 사물의 이름을 곧잘 잊어버린다. 그때 입었던 그의 옷매무새와 햇빛에 찬연하던 하얀 치열의 웃음은 떠오르는데, 아무개란 이름이 지워진다. 사물도 한가지다. 모습은 떠오르지만 부르는 이름이 숨어 버린다. 뒤적여봐도 가물거릴 뿐이다.

망각은 추억의 소멸로 이어진다. 젊은 시절 극적이었던 추억의 실종이 슬픈 날에 갇혀 산다. 갈피에 재어 뒀다 늘그막에 반추하려던 그것들….

기억력이 구멍 숭숭해 새어 나간다. 실제 숱하게 잊고 있다. 시간 속에 축적된 그 많은 것들을 그대로 가뒀다간 과부하에 걸려 머리가 터질지도 모른다. 때를 알아 바다는 조류로 흐른다. 쏴~ 내 안에서 만조의 바닷물 빠져나가는 소리가 들리고, 머릿속으로 한 가닥 빛이 든다. 간조 때, 새로 들어오는 동살 같은 선연한 날빛이다. 가벼워진 심신이 생광한다.

별반 나가고 싶지 않다. 만나야 무얼 이루고 관계를 탄탄히 손질

할 것인데 나가는 게 마뜩찮다. 날 찾는 이도 현저히 줄었다. 속셈에 바쁘다. 나가 봤자 소득이 별로라면 안에 눌러 앉아 버린다. 가슴 설렐 것도 아니면서 고작 밥 한번 먹는 거야 집에서 먹는 잡곡밥이 급수가 높다. 가득 찼던 물이 삽시에 빠져나가는 것 같은 허망감을 옥상에 올라 바다를 바라보며 느긋이 달랜다. 바닥을 드러낸 바닷가에 물결 일어서던 소리 어느덧 잦아든다. 물때가 간조다. 떼 지은 물새의 군무가 풍경으로 눈앞에 걸린다.

줄어드는 게 또 있다. 지갑이 가볍다. 돈을 쥐고 있는 건 아내다. 봉급날 헛기침하며 대문 박차던 퇴근길의 호기는 옛일이다. 이젠 그런 화력이 온데간데없다. 상당히 무기력해져 끗발 세울 깜도 아니다. 그래도 간조의 바다엔 광활한 모래벌이 드러났고, 예서제서 쪼르르 기어 다니는 게들로 새까맣게 덮였다. 미물도 저렇게 산다. 물은 잇따라 흐르고 바다는 또 만조로 채워지면서 충만해 갈 것이다.

내 안의 만조滿潮_

아침저녁 수저를 물린 뒤 한참 식탁에 머무른다. 식후에 약을 먹고 있다. 약에 머그잔 그득 채워 놓은 물을 다 마셔야 한다. 꽤 번거롭다. 언제 부터인가 불문율이 돼 있다. 물을 많이 먹어야 약 흡수가 잘된다는 아내의 경험칙은 나를 규율하는 법이다. 건강을 챙겨 준다는데 딴죽 걸랴. 지청구가 한 방 날아올지도 모르는데, 순한 양이 되는 게 상책이다. 식후에 그 물까지 비우고 나면 배가 동산만하다. 만조의 고향 포구에 남실대던 낚싯배가 떠올라 히죽이 웃는다. 늘어나는 게 약이지만 행간으로 행복이 깃들고 있는 건지도 모른다.

욕심을 줄이지 못하는 건 질긴 집착이다. 탐욕이 마음자리에 눌어붙어 설치는 날엔 너울이 인다. 이 나이에 넘보는 건 노탐老貪이다. 어느 만조 때, 경계를 넘어 길 앞으로 달려들던 바닷물을 본 적이 있다. 물과 뭍은 다른 세계다. 월경越境은 무모한 일이었다.

버릴 건 쓰레기만이 아니다. 해지고 헐고 낡아 나달대는 중고들. 그것들이 집 안을 점유하고 있다. 쉬이 버려지지 않는 게 책이다. 몇 차례 후배에게 물려주고 글방에도 내쳤지만 다시 빈자리를 채운다. 책상만 들고 방을 옮겼더니 또 침대 주변까지 책 더미다. 책은 작가의 분신이다. 더욱이 보내준 저자의 정성을 생각하면 버리는 건 춘사椿事다. 하지만 어쩌랴. 내겐 냉혹하게 돌아앉아야 하는 일이 돼버렸으니.

나이 들어도 속절없이 늘어나는 게 아이들에 대한 근심이다. 두 아들에 머물던 그 물줄기가 먼 데를 돌아 나와 손주에게로 흐른다. 노심초사도 진이 박이면 질병이다. 내 아잇적 회상 속의 바닷가 집, 그 아이도 만조의 바닷물이 출렁이는 앞길을 혼자 건넜다. 아이들을 다독이며 웃어 주기만 하리라. 실은 내어줄 아무것도 없다. 어깨도 하 처졌다.

나는 지금, 노년의 언덕에 앉아 있다. 굽이치는 바다, 둘둘 말려오는 파도에 눈을 보내다 떼밀린다. 엊그제는 간조의 바다더니, 오늘은 터질 듯 만조의 바다다. 바닥을 드러내 햇살을 즐기던 간조의 바다가 만조 땐 피둥피둥 부풀어 포만의 배를 까발리고 넘실댄다. 바다는 언제나 간만으로 대비되는 두 얼굴을 하고 있다.

내 안으로 들어온 바다가 간 · 만으로 온다. 자연의 바다처럼 분명하진 않지만, 못잖게 마음에 이는 물결로 감지하려 한다. 나이 들어 줄어드는 게 내 간조의 바다라면, 나이도 잊고 철딱서니 없이 늘어나려 너울 치는 건 만조의 바다다. 내 안의 바다는 거칠더라도 다스리는 건 내 몫이다.

하고자 하는 바를 따르되 법도를 넘지 않는다는 종심의 무게에 기대 어느 한도까지 줄이려 한다. 탐심을 버리면 되는 일이다. 정리해야 할 것들인데, 방임하면 어수선하고 번잡할 뿐이다. 줄이는 손길은 간결해야지. 간 · 만을 가르는 조류의 바다처럼.

(2019)

오자투성이

지금도 시는 종이에 만년필로, 수필은 자판으로 쓴다. 워드를 한 지 스무 해가 넘었다. 꽤 된 셈이다.

당초 좌우 두 손가락의 연결이 잘되지 않아 주춤거리던 생각에 웃음이 나온다. 거울을 안 봐도 보인다. 자판을 제법 주무르고 있다는 득의만면한 표정이다. 왼손이 자음을, 오른손이 모음을 눌러 자모字母의 결합이 자유로워야 하는 유기적 연결 구조다. 요령이야 모르랴, 막상 치려면 더듬거리는 게 타자다.

독수리타법에 금줄을 쳐 놓고 별나게 시작했다. 손이 조금 오가게 되자 신문지를 자판 위에 덮고 연습하는 식이었다. 누우면 천장에 자판이 가득하던 시절 얘기다.

그 뒤, 내 타자 실력은 어느 수준까지 빠르게 절정을 쳤다. 그러더니 더는 올라서지 못한 채 거기서 거기로 내 글쓰기를 끌고 간다. 젊은이들 손이 팔딱거리는 게 부럽지만 그건 내 분이 아니다. 따라가려야 안될 걸 빤히 알면서 애면글면할 건 뭔가. 전광석화 같은 손놀림은 내가 쳐다볼 그림이 아니라, 정리한 지 오래다. 그렇게 작심하고 나니 심지가 편안하다.

내 작품집은 모두 내 손이 자판을 타면서 상재한 것이다. 시집 ·

수필집 각각 일곱 권, 수필선 한 권, 수필작법 한 권에 이른다. 등단 스물여섯 해에 이만한 실적을 쌓았으니 가난은 면했을까. 이중 수필작법은 이론의 객관화 확보를 위해 전고典故의 인용으로 작품 예를 넉넉히 한다고 분량이 불어나 359쪽에 이르렀다. 내 타자가 이룩한 현란한(?) 탑으로 솟아 있다.

가끔 내 손에 눈을 보내며 실실 웃는다. 호모 파베르Homo Fabel-노작 인간이라 했으니, 이만하면 나도 인간으로 체면은 세웠다고 한소리 할 수 있게 됐다. 지금까지 글을 써 오며 내세울 수 있는 텃밭만한 터수가 생겼다면 바로 이것이다.

한데 타자에 골칫거리가 있다. 왼손과 오른손이 자음과 모음을 제대로 결합해 주지 않고 소홀하지 않는가. 반사 신경이 둔해서겠지만, 문자기호를 찾아 두드리는 순간순간 눈과 뇌의 연락을 원활히 하는 인지능력이 굼뜨다. 나이 들어 그러려니 한다.

문제는 오자로 찍어 나온 문자의 그 엉터리 조합을 찾아내지 못한 채 책이 나와 버린 경우다. 간행은 글쓰기의 완결이고 최종이다. 오류가 그대로인 것은 외과처리가 제대로 되지 않은 채 봉합해 버린 대형 의료 사고에 해당한다. 몸속에 떼어내지 못한 종양을 꺼내려면 다시 메스를 대야 한다. 책은 다시 찍어낼 수 없어, 낭패다.

'가지고'란 말이 '자지로'가 됐다고 생각하면, 자지러질 일이 아닌가. 소름끼칠 일이다. 자모가 잘못 만나면 얼마든지 나올 수 있는 오자다.

속도가 후퇴하는 것 같지는 않고 그대로 유지하는 것 같은데, 오류를 많이 찍어 내는 건 늘어만 가니 탈이다. 이전부터 속도는 조금씩 느는데 오자가 많다는 말이다. 특히 메일을 보내고 나서 수신 확인할 때, 낯 따가워지는 수가 잦다. 오자투성이가 아닌가. 받는 이의 이름까지 바꿔 놓곤 한다. 이만저만 결례가 아니다. 작품을 칠 때보다 긴장을 놓아 느슨해지면서 생기는 일이다.

어제 일이다. 강의 나가는 곳에서 진흥기금 지원 신청을 해 놓고 교재를 만들게 돼 불나게 워드를 치고 있다. 이왕 만드는 것이라 좋은 작품들로 채우려다 보니 자연 작업량이 불어났다. 간행 일정도 앞당기느라 타자에 몰두하고 있다. 다섯 시간쯤 쳤을까. 거푸 수필 예닐곱 편을 친 건 처음이다.

마지막 작품을 치면서 뒤돌아보고 놀랐다. 오자투성이다. 기가 막힌 게 자음 하나를 찾지 못해 왼손을 자판에서 떼고 검지로 찍는 일이 벌어졌다. '동백꽃 사연'이라는 서정환님의 작품에 이르러서였다. '꽃'의 받침 'ㅊ'을 도무지 찍지 못하는 것이다. 애초 신문지를 덮고 익힌 솜씨가 무색해 버렸다. 갑자기 추락하는 것 같았다. 타자하며 이런 초긴장은 처음 겪는 일이다.

뒷날 아침 눈을 비비며 손이 자판에 가 있다. '꽃'을 쳐 보았다. 몇 번이고 곧바로 찍힌다. 어제는 한꺼번에 많은 것을 치느라 무리했던 것 같다.

나를 들여다본다. 나는 지금, 나이로 말미암은 겉과 속의 변화를 꼼꼼히 읽어야 할 시기를 살고 있다. 달라진 변화가 구체적으로 드러나 덜미 잡히는 게 타자란 생각이 든다. 이처럼 오자가 많이 나온

적이 일찍이 없었다. 오자는 범실이다. 그에 그치지 않는다. 바로잡지 못하고 간행돼 버리면 실수를 넘어 실패다.

오자를 내려해 내는 게 아니다. 신경계의 유기적 맥락이 느슨해지면서 생기는 불상사다. 쓰면서 눈을 번득여야 하고, 쓴 뒤 수정에 신경을 곤두세워야 한다. 반복할수록 좋은 게 수정이다. 오자는 잡초의 씨앗처럼 글 속에 숨어 있다. 여간 내기가 아닌, 숨는 데 타고난 귀재다.

(2019)

글을 쓰면서

낙엽수가 잎 하날 내려놓는다. 공중에서 몇 차례 나부끼더니 굽어보던 풀 위로 진다. 마른 잎 하나 바삭거린다. 자연한 천연덕스러운 풍경이다. 저걸 단지 바람이 하는 일이라 해야 하나. 잎을 싸고돌던 따뜻한 품이 있었고, 지금도 나무 뒤엔 가을이라는 계절이 서성이고 있다. 가슴으로 느낄 일은 또 있다. 저것이 개체로 견뎌 온 생명적 역정, 그래서 잎이 떨어질 수밖에 없는 절체절명의 생리적 정황, 그러니까 작심해 제 손으로 밀어냈을지도 모른다.

낙엽에 대한 이 몇 가지 정서적 접근은 결코 단편적인 게 아닌, 적어도 우주의 원리에 닿는다는 엉뚱한 생각으로 확산한다. 낙엽 하나를 보고 가을이 왔음을 안다고 한 영탄은 그래서 흥미 이상의 철학적 경계에 닿는다.

허공을 구르다 툭 지는 잎. 그 순간을 지켜보는 이라면 오관이 함께 깨어날 것이다. 세포들이 돌기처럼 일어나 마음자리로 엄습해 오면서 쫘악 안으로 번지는 전율. 잎 하나의 파장은 이렇게 만만찮다.

기구처럼 열 받아 부푼 감성이 우주 공간을 유영하기 시작한다. 벽을 넘고 경계를 허물며 눈앞으로 또 한 시야가 펼쳐진다. 무심결 구르몽의 '낙엽'을 읊고 있다. "시몬, 나뭇잎이 져 버린 숲으로 가자/

낙엽은 이끼와 돌과 오솔길을 덮고 있다/ 시몬, 너는 좋으냐, 낙엽 밟는 발자국소리가….” 방금 팽그르르 춤사위로 지던 잎 하나가 시공을 뛰어넘어 감성의 날갯짓으로 파닥이고 있다.

어느 여름날 아침, 남쪽 울타리 돌 탁자에 턱을 괴고 앉았더니, 별안간 눈이 토란잎에 맺힌 이슬방울 하나에 쏠렸다. 아침 햇살 촉 하나가 거기 내려 반짝거리던 찰나의 찬연한 결로結露— 그것은 작은 생명의 가느다란 숨결이었을까, 초롱초롱한 눈빛이 하도 해맑아 그만 말을 잃었다. 가만 보니, 이슬방울 하나에 온 우주가 잠겨 있었다. 주위의 나무며 풀, 꽃, 새 그리고 하늘을 흐르는 구름도 거기 몰려와 한 존재로 빛나고 있었다. 그것들은 제 모습, 제 빛깔, 제 맵시, 제 표정이었다.

거대한 우주가 작은 이슬방울에 꼼짝없이 갇혀 둥둥 떠 있는 신비의 세계는 환상적이었다. 놀랐다. 티 하나 내려도 흠결이 될, 내 생에 처음 보는 완미한 이슬의 민낯, 그것은 충분히 나를 황홀하게 했다.

이 나이를 살며 보지 못했던 한 세계와의 해후는 간간이 나를 그 자리에 앉히려 든다. 하지만 그때의 이슬이 자아냈던 신비는 남아 있지 않다. 심기 불편하거나 분노로 마음에 너울이 일 때면 이슬커녕 그 기억마저 가마득하다. 이슬은 늘 그 자리에 있는 게 아님을, 있어도 보이지 않는 한 세계의 오묘함을 알아 가지만 아직도 모호하다. 나는 그걸 추론을 기다리는 명제로 안고 산다. 분명 이슬은 있되 안 보이는가.

나는 시와 수필을 쓰고 있다. 사상事象을 선택해 쓰며 부대끼는 첫 고민이 실체의 진실을 짚어내는 일이다. 내 문학 속에 인간의 진실을 얼마나, 어떻게 담아낼까 하는 것. 그것은 단순히 욕심이 아닌 진정성 획득의 욕구다.

나는 쓸 때마다 순간순간 그 진정성에 목맨다. 전대의 작가들이 이미 써 버린 글, 주변 작가들이 해 온 토설, 설령 내 토정이 간곡하다 해도 그만그만한 걸 쓰고 있다면 그건 재탕이고 복사에 불과하다. 진정성은 소소한 것에 매몰되려는 '나'에 대한 마지막 조율이면서 거부이고 저항이다.

쓸수록 힘들다. 시적 함축도 힘들고 자칫 방만으로 흐르려는 산문적 전개의 무절제함엔 낯이 따갑다. 어휘 하나에 붙들리고, 단문 하나에 갇히면서 오금 저려 기를 못 쓴다. 곤혹스러워 한없이 작아지는 요즈음이다. 이런 와중에 슬며시 자격지심이 한자리를 틀고 앉는다. 낯선 작가의 풋풋한 문장과 그 언어적 조합의 발랄한 기운에 긴장해 있는 자신을 보면 계면쩍다. 이제 더 나아가지 못하는가.

내 글이 미칠 수 있는 소재의 범위를 넓히고, 그것들을 바라보는 색다른 시선을 가져야 하는 것 아닌가. 팔의 근력과 뇌의 지엄한 명에 기대어 어휘를 포획하고, 결이 다른 문장의 연마에 나를 가둬야겠다. 글 속으로 흘러드는 솔바람 소리에 귀 세울 사색의 오솔길 하나 내 앞으로 놓였으면 하고, 하늘을 우러러 갈구한다.

작품집 몇 권을 간행하며 다작이 능사 아님을 체득했다. 써 재어 놓은 작품들 태반이 책에 오르지 못하고 버려진다. 버려진 글엔 영혼도 떠나고 없을 것이다. 내 숨결이 남아 있는 그것들과 함께 가지 못하는 것은 슬픈 일이다.

잎의 낙하를 떠올리고 토란잎에 맺힌 이슬의 그 명징함을 생각할 때면 아이처럼 가슴 설렌다. 그것들은 하나의 사물, 하나의 작은 존재가 아니다. 감성의 눈으로 바라보고 사유하면 자체로 우주다. 눈앞의 사물 속에 들어 여직 남들이 보지 못한 나만의 세계를 찾아내 좋은 글, 몇 편 남기고 싶다.

요즘 들어 저녁놀에 정신을 놓는다. 저렇게 활활 불탈 수 있으면 얼마나 좋을까. 글을 쓰면서.

(2019)

주어가 바뀐다

나를 들춰 왔다. 내 안의 노래와 꿈과 만남과 이별 그리고 슬픔과 기쁨의 일들을 들어내 놓으려 애써 왔다. 아직 먼지가 내리지 않은 백지 위에다 하얀 날개 퍼덕이는 내 의식을 소환하려 안간힘이었다. 고백하듯, 선언하듯 때로는 음유하듯, 거닐며 꿈꾸듯….

매양 언어에 목말랐으므로 언어 앞에 겸양했다. 너덜대는 수식의 거추장스러운 옷을 벗어던져 단출한 주어와 서술어의 문장에 기울었다. 언어는 진실을 품으면 생동하는 것, 내 어휘는 조악했지만 그것이 담아 낸 목소리는 티 없이 맑았다. 나는 가슴 뛰는 시간에 에워싸여 한때 마냥 환호했다.

몇 권의 시집과 수필집으로 거처를 옮긴 삶속의 노래와 이야기들은 문학적 평가에 관계없이 내 인생의 흔적으로 소중하다. 그것들은 어딘가에 내 분신으로 존재한다. 눈부시지 않아도, 돈 주고 누가 사 주지 않아도 좋은 것이다. 자체로 충분히 나를 여지없이 벗기고 들춰 놓았으니, 이 대목에서 나는 자신해 획득과 성취로 충만하매 특별히 내로라하는 남을 부러워하지도 않는다. 내가 쓴 글들은 바로 내 인생의 본령本領이라 불가침이다.

음치라고 주눅 들지 않아야 한다. 어설픈 노래도 줄곧 부르고 있으면 조금씩 나아간다. 노래가 반드시 청중 앞에 서야 하는 것이 아니다. 좋으면 혼자 부를 수도 있다. 바리톤의 음역音域이 아니어도 온몸의 세포가 기억 속으로 깨어나 함께 할 때 노래는 박진감으로 넘친다. 그것은 중요하다. 진정, 그래야 내 노래가 된다. 음정 박자보다 더 중요한 것이 있다. 노래의 바닥에 흐르는, 내 노래일 수밖에 없는 점철된 실존의 우여곡절, 그래서 웃고 울던 내 영혼. 나는 몇 권의 책에 그걸 담으려 집요했다.

지금까지 써 온 글들이 필경 나를 집대성해 가고 있음을 안 것은 최근 들어서다. 뜻밖의 발견이다. 자서전이 돼 간다는 인식이 나를 놀라게 한다. 남들은 쓰지만 자서전을 쓰는 일은 없다고 호언했는데, 의지만 가지고 되지 않으니 알 수 없는 일이다. 사유의 변경을 넓히고 삶의 밑바닥까지 내려앉아 심오해지기를 갈망하면서도, 내 책에는 살아온 삶의 편력과 겪어 온 인생 역정 대부분이 살아 숨 쉬고 있지 않은가. 변용하고 은유했다고 그게 내 얘기이고 내 자취인 것을 '자서전적'에서 아니라고 우길 수 없는 노릇이다. 이걸 가지고 억지를 부리려 않는다.

내 글쓰기는 아직 진행 중이라 어떻다 하기엔 이르다. 하지만 대체로 나는 이제까지 '나'를 써 왔다. 대저 '나는 ~했다.' 식이다. 내 글의 총체적인 주어는 일인칭 '나는'이었다. 기껏 써 봤자 나를 쥐어짜거나 나를 붙들어 기뻐하고 슬퍼했다. 멋쩍게 으스대거나 터무니없이 생색내며 빼기고 으름장 놓아 가면서….

덧없이 쌓이는 일흔 몇의 나이가 가을 가뭄에 바싹 마른 검불이,

지날 바람 앞에 사각대는 소리처럼 낯설다. 내 작은 우주, 아스라한 공간에서 과거만 반추하고 다가올 미래는 없는가. 그런 슬픈 일 앞에 우물쭈물하지 않으려 두 다리에 내 생애의 무게를 실어 오늘도 길을 나선다. 보내는 한 움큼 마중물에 환호하는 조그만 내 심장이 대견하기 만한 유월이다. 정원의 작은 나무 우듬지에 출렁거리는 왕성한 여름 에너지. 여름이 뜨거울 수밖에 없는 이유가 아닌가. 어깨를 좌악 펴고 길을 나서려 한다.

허물을 벗고 싶다. 내 얘기에서 세상 얘기, 이웃 얘기로 태깔을 바꾸고 싶다. '나는'에서 '그는'으로. 일인칭 주관적 시점에서 삼인칭 객관적 시점으로의 이행이다. 이전부터 나 자신 잠재적으로 동의해 온 일이다. 이제 실천을 미룰 하등 이유가 없을 뿐더러 그럴 충분한 여유도 없을 듯하다. 길지 않은 인생이다.

내 글의 주어가 바뀐다. '나'를 향해 파고들던 시선을 거둬 사물과 인간에게로 보내려는 자신과의 약속이다. 주관이 상당히 배제되고 냉혹해질 때 객관은 빛난다. 많은 물음을 던져 답을 얻어 내고, 끊임없이 다가가 대상의 뒤에 숨은 순수한 진실의 알갱이를 끄집어 내놓고 무릎 치며 내 언어로 치환하고 싶다.

내 문장을 이끄는 첫 낱말은 대명사 '그는' 혹은 '그것은'이다. 실험하려 한다. 이후부터다. 내 문장의 주어가 바뀐다.

(2019)

내 방을 스캔하다

나는 애초, 방에 카페 같은 기능성 인테리어를 원치 않았다.

본체에 있는 셋 중 안쪽 작은 방이 글방이었다. 벽을 두른 서가에 책이 빼곡하고, 벽을 기대게 작은 앉은뱅이책상 하나가 놓여 있었다. 사각모 쓴 두 아들 사진을 걸어 눈 맞춰 왔는데, 얼마 전 방을 옮겼다. 거실 지나 동으로 창을 낸 건넌방이다.

연년이 먼 빛으로 봄을 불러 테라스 너머 눈부신 백매가 나를 홀린다. 섬은 자국눈마저 지웠지만 방 앞까지 산에서 상고대가 내려온다. 마음을 따르기로 해, 절실하던 책 한 아름 안고 자리를 틀었다.

가성비를 따져 상설매장에서 사온 일인용 침대가 놓였고, 큰아들이 서울에서 쓰던 책상을 들였다. 내가 글을 쓰려면 이만한 책상은 있어야 한다고 생각한 모양인데, 과도하나 웃으며 거두었다. 간이서가와 작은 수납장과 얼굴에 돋아나는 세월의 이끼를 비출 거울이 한자리했고, 옆에 재깍재깍 숫자를 바꾸는 데만 몰두하는 까만 전자시계가 놓였다. 찰나를 놓칠라 방안에 흐르는 시간이 빨강으로 강렬한 게, 그에 쫓겨 내 삶이 혈안인 것 같다.

그림 한 점 걸려 있지 않고 음악도 없는 방. 나만의 단조한 공간이다, 혼자 머무는 이곳엔 변통 없이 딱딱한 직선만 수직 · 수평으로 교차할 뿐 자근자근 감아 도는 완곡한 선의 흐름은 없다. 이곳에 오금 저리게 갇혀, 방은 내게 아주 친숙한 환경이다. '혼자'라는 외로움과 직선의 '단순함'이 만난 낯선 공존이면서, 촉촉하지 않아도 흥미로운 문양을 새겨 넣기도 한다.

거기, 내가 누리는 시간이 존재의 집을 헐었다 다시 짓기를 반복하지만, 언어는 한 줄기 흐름으로 와 주지 않아 곧잘 버둥댄다. 강가에 주저앉아 내 시의 은유를 소리로 치환하려 허공을 향해 건조하게 읊조리지만 되돌아오는 건 별양 없다. 누구의 이름을 지치게 부르다 속절없이 돌아와 앉는 곳이다.

내 소우주, 머물며 쓰는 글줄은 이즈음 내가 할 수 있는 단 하나 찬연한 퍼포먼스다. 책상에 앉는 구도가 금줄을 쳤던 어제의 경계를 허물며 무한 공간으로 확산하니, 방은 그 시작점이다. 상상이 날갯짓한다. 오래전부터 내가 유랑하는 구름을 타고 있었는지 모르겠다.

이곳에 눌러앉아 있으면 정체를 보여주지 않는 손이 나를 흐트러지게, 이완되게 하고, 때로는 무료하거나 외롭고 을씨년스럽게 한다. 어디로 떠나는 연습에 몰입하는가. 몸은 여기 있어도 영혼은 먼 데가 물결로 놀며 흐르고 있다. 수행하지 않고 자유의 진제眞諦에 들었다면 한두 번 눈물겹도록 자신에게 혹독해 보아야 하리.

책들이 서가를 채우더니 책상 앞에 탑을 쌓는다. 침대 아래를 층층이 줄 서고, 읽다 만 책의 군락이 침상 모퉁이를 점령해 간다. 숙면에 들지 못하는가. 자면서 책을 흩어 놓지 않는 건 분명 이상하다. 무의식이 책을 읽는지도 모른다.

다 읽진 못해 읽을 만한 데를 골라 읽는다. 울림이 있으면 메모한다. 나중에 들추면 내면화해 내 목소리를 낸다. 내 문학의 텃밭을 비옥하게 하려는 처방전에 적혀 있는 말이 '수혈'이다.

정원과 옥상을 오가며 눈이 가는 나무, 꽃, 돌, 산, 바다, 하늘, 구름이 바로 글의 소재가 아니다. 눈에 담아 가슴속을 흘러 마음자리로 내리는 곳이 이 방이다. 글을 쓰되 언어로 그리려 한다. 화가연한다고 고심 중이다. 반거들충이지만 한여름의 갈맷빛 바다와 소재로 만나면 수채화가 되고 불타는 가을산도 현란해 그에 포함하지만, 단단히 경직된 겨울의 고독은 무광택 처리를 고민한다.

유화처럼 기름을 갠 물감을 사용하니 다를 수밖에 없는 그 질료의 가능성에 빠져들고 싶다. 나는 유화의 질료로 언어를 다독여 그림의 속살 어느 선과 면에 닿는지. 작품 표면의 평활平滑함과 울퉁불퉁한 질감의 표면, 그 다양한 마티에르 어디쯤에 내 자리가 있는가. 자신에게 묻지만 즉답이 없다. 언어와 사물과의 괴리, 격절로 가는 걸 막기 위해 고투 중인 내 방엔 새근거리는 숨결마저 잦아들기 일쑤다.

방은 전유공간이다. 내가 허여하면 무슨 짓이든 할 수 있다. 읽고 쓰고 과거를 그리워하다 방류하고 오늘과 내일을 사유한다. 넋 나가 얼간이처럼 실룩대기도 한다. 낯 찌푸리고 미워하다 사랑하며 도요속의 고열로 끌어올려 그를 뜨겁게 애무한다. 다만 바람의 길과 열의 강도에 민감하지 않으면 안된다. 한 편의 시는 스케치가 아니다. 색을 올리고 영감과 만나야 한다. 청자의 비색翡色을 훔치려면 가마의 불 속으로 들어가 몇 날 밤을 새워야 하나. '다정도 병인 양 하여

잠 못 들어 한다.'던 옛 시인이 떠오른다. 정이 많아야 글이다. 동창 백매에 오래 머무를까.

새벽녘 이 명징한 고요, 산사의 선방禪房 같다. 동창으로 오는 물컹한 배냇냄새, 잔풍에도 고물거리는 백매 잔가지의 배냇짓이 앙증맞다. 저걸 완미하게 매개할 묘사와 비유의 수사가 고갈돼 울컥한다. 눈 붉힌 전자시계가 다섯 시 오십 분을 지나 가파르게 여섯 시를 찍으려 기를 써 시간의 능선을 탄다.

시 한 편 쓰면 아침 햇살의 서기에 신명 날 테다. 하지만 오늘은 산문적 호흡으로 쓰고 싶다. 아침엔 묵직한 파일 하날 만들어 입력하려 한다.

'내 방을 스캔하다'

(2020)

2_첫새벽에

저 우직한

녀석, 주제에 저 혼자 사는가.

진동에 워낙 민감해 가까이 가기 전에 숨어 버린다. 자연, 관심 밖으로 밀려나 생태에 깜깜이다. 저가 무슨 귀한 몸이라고 간간이 야음에 모습을 보일 뿐 팔 할도 더 땅속이다. 빛을 느끼되 물체를 구분할 만큼만 시력을 갖는다. 지상인지, 지하인지 빠듯이 인지할 정도의 시력, 녀석 참 갑갑하겠다. 그래서 화창한 날 눈부신 햇살을 지독히 꺼리는 모양이다.

녀석이 사는 어느 반경 안엔 여기저기 굴들이 있다. 흙을 파 쌓아 올린 작은 굴. 이건 그냥 여사한 게 아니다. 지렁이나 벌레가 미끄러져 들어오라 파 놓은 함정이다. 터널 구조로 만들어 놓은 단독의 세력권. 만날 어둠침침 야삼경에 허덕대며 제 영역을 확보하다니, 꺾아지른 듯 가파른 경사가 절묘하다.

녀석은 제법 머리를 굴린다. 굴을 파기 쉽고 먹이가 풍부한 모래흙을 선호한다. 그것도 부드럽고 습한 곳을 고른다. 그나저나 삶의 대부분을 땅속에 놓는다니 이가 잘 맞지 않는다. 제 거점을 넓히려고도, 덜떨어지게 움직이려고도 않는다. 땅속에 살면서도 땅을 별로 좋아하지 않는다니. 이런 모순어법이 없다. 세상에서 땅과 가장 친

한 동물이 녀석이라는 얘기를 들었는데.

아주 명 걸고 고투하는 것이 있다. 굴 파기다. 두 발로 흙을 파고 또 판다. 맹렬하다. 이 일을 위해 태어났다는 듯, 다 파고 나면 죽기라도 할 듯 판다. 흙이 무너져 내리면 또 파 쌓아 올린다. 거지반 일이 끝나려는데 꼭대기에서 와르르 흘러내리는 모래흙의 붕괴. 무수한 발놀림이 도로가 되는 허무의 순간이다. 그래도 녀석은 한마디 투덜대지 않고. 표정도 없다. 다시 파기 시작한다.

한 가지 눈여겨보게 된다. 파는 굴의 깊이가 조금씩 다르다. 먹잇감의 서식 장소에 따라 또 계절에 따른 맞춤형이다. 저 딴엔 바람을 의식할 테다. 바람이 거세니 추운 겨울엔 깊고, 바람 들어 선선하라고 여름엔 얕다. 녀석에게 그런 꾀가 있다니 놀랍다.

몸길이 고작 15센티, 꼬리와 뒷다리 각각 2센티다. 까발렸으니 이제, 천하에 녀석을 내놓아야 할 차례다.

두더지.

작고, 무얼 잘 못 보게 눈 어둡고, 엉거주춤 제자리를 뜨지 않으면서도 지구상의 어엿한 종으로 적籍에 이름을 올렸고, 오랜 세월 엄존한다.

굼뜬 녀석이 갑자기 활개 치듯 두 발로 파 들어가는 굴의 역사役事. 곁에 군대에서 쓰는 작은 야전삽 한 자루도 없다. 저 우직한 녀석.

(2019)

추억

거의 매일 걷는다. 전엔 윗마을 쪽 호젓한 길로 잡거나 일주도로를 오가다 요즘엔 다시 원래로 돌아왔다. 집에서 마을을 지나 기미 3 · 1독립만세운동의 성역화공원까지다. 그곳서 늘 하던 대로 동선 따라 너덧 바퀴를 돌고 돌아온다. 걸음의 완급이 시간에 별 차이를 내지 않는다. 60분 안팎을 오간다.

이따금 공원에서 해안도로로 빠져 완만하게 반원을 그리며 거리를 늘리다 근간에 삼가고 있다. 운동도 욕심을 내면 무리가 온다. 몸이 버겁다고 신호를 보내온다. 그게 몇 번 먹히지 않으면 발끈해 지시가 발령된다. '어떻게 감당하려는 것이냐.' 단호한 어조다. 찍 소리 못하고 고개를 몇 번이고 끄덕여 진정을 내보인다. 몸은 스스로 자신에게 충직한 감시자다.

내게 걷기는 운동이다. 전념하자 한다. 걸으면서 무슨 상념에 잠기는 사람도 있으나, 나는 다르다. 생각에 몰두하는 걸 될 수 있으면 배제하려 한다. 글의 소재를 떠올리면 좋을 것 같지만 나는 그런 방편을 버리고 있다. 활발히 팔 흔들고 발을 내딛는 판에 웬 딴전인가. 생각은 무슨 일을 할 때, 소재는 쉴 때나 글을 쓰며 찾는 것이다. 걸을 때는 걷는 데만 집중하려는 것으로 하고 있다.

한데 오늘은 별난 날이다. 한창 걷는데 퍼뜩 손자 지용이가 생각나는 게 아닌가. 한창 하루 다르게 우쭉우쭉 크는 중3 고 녀석. 만난 지 2주일이 더 됐나. 보고 싶다. 간절하다. '토요일이니 전화해 볼까.' 하다 주춤한다. 안된다. 아들이 집에 들러 얼마 없어 1학기 기말고사가 다가온다며 덧붙인 말이 있다. "아버지, 걔가 시험을 앞두면 아주 예민합니다."

반에서 1등이니, 성적 관리를 한다는 얘기로 들렸다. '그래, 전화하지 말자. 시험이 끝나거든 맛있는 것도 사 주고 해야지.' 걸으면서 누굴 떠올리는 데 손자 녀석이 맨 앞줄 첫 번째다.

가만 생각하니 웃음이 난다. 녀석과 나는 조손간이니 2촌, 외려 아들이 부자간으로 1촌이다. 아들이 먼저, 다음이 손자다. 지금 나는 아들을 추월하고 있다. 손자 앞에 엄연히 아들이 있는 걸. 내가 손자를 좋아한다고 아들이 시샘하랴만 사랑에도 순서가 있는 법, 그게 원질서다.

하지만 질서란 논리일 뿐 실제는 다르다. 내 사랑이 아들을 넘어 손자에게 기울어 있는 걸 어째. '두 벌 자손이 아깝다'는 속설은 정한 이치인가.

손자 사랑, 추월해도 사고가 안 난다.

(2019.)

참 작은 귤

서른 해 이웃, 길 건너 아주머니가 귤을 갖다 먹으라 한다. 아내가 차를 갖고 과수원에 가 두 컨테이너를 싣고 왔다. 가득 차 넘친다. 철철이 공으로 귤을 주는 정겨운 이웃이다. 거저 받아먹는 것도 도를 넘으니 뭐라 할 말이 없다.

아주머니는 올해 예순다섯 나이에 7천 평 농장을 해내고 있는 분이다. 대농이다. 여간한 깜냥이 아니다. 옆에 일을 덜어주는 군 손도 없다. 십년 전 남편이 세상을 떠나 혼자가 됐는데도 그대로 유지하고 있으니 맹렬 여성이다.

현관 앞에다 놓고 보니 한눈에 여느 귤하고 다르다. 알알이 참 작다. 골프공보다 작다. 고 작은 것들이 컨테이너 두 개에 가득하다. 어림이 안되지만, 잔디마당에 쏟아내 세어 보면 수 천 개가 되리라.

비상품이라 하나 단박 놀랐다. 많은 양에 놀랐고, 하나하나 다 노릇노릇 익어 있는 데 놀랐고, 작아도 탱글탱글 올차 보이는 데 놀랐다.

저게 어떤 것들인가. 작아도 다른 것들과 똑같이 손이 간 것들이다. 거름 주고 약치고 가지치기하고. 그뿐이랴. 딸 때는 하나에 한 번씩 손을 탔다. 지난 초가을, 두세 번 지나간 태풍에 주인의 애간장도 태울 만큼 태웠다. 가지에 부딪쳐 생체기가 나면 어쩌나, 낙과하면 어쩌나. 당도가 떨어지면 어쩌나. 얼마나 조바심 쳤을 것인가.

방풍이 잘됐던지 껍질에 살짝 긁힌 자국 하나 눈에 띄지 않는 해말쑥한 얼굴이다. 주근깨며 뾰루지 하나 없는 어린 소녀의 깔끔한 민낯 같다.

한 알 까 입에 넣는다. 참 달다. 놀라운 단맛이다. 돈은 안되지만 먹는 데 크기는 문제될 게 없다. 짐작에, 흔히 귤의 당도 마지노선이라는 13부릭스는 너끈히 될 듯하다.

작아도 귤이다. 외려 당차 보인다. 저것들, 주인의 애정 어린 눈빛 속에 가을을 맞았을 것이다. 조금도 덜함이 없었을 것 아닌가. 햇볕은 대등하고 공평하다. 아침마다 내리는 무서리를 맞으며 한낮에 내리쬐는 볕에 저렇게 결실로 완성한 엄연한 성과成果가 경이롭다.

저것들이 내게 육보시한다고 현관 앞에 떼 지어 몰려왔다. 귤을 먹는 것은 일방적인 쾌락이다. 덥석덥석 꺼내 들어도 되는 일인가.

참 작다. 작아도 큰 것 못잖게 달다. 품을 만큼 가을볕을 품었으니 달 만큼 단 것이다. 어린애 눈깔사탕 먹듯 입에 쏙 밀어 넣고 오물거린다.

하지만 이것들이 내게 어떻게 온 것인가. 넙죽넙죽 받아먹기만 할 게 아니다. 자신과 내 둘레를 돌아보게 된다. 이제 추위가 온다. 이웃에게 가까이 다가가야지.

(2019)

시험공부

아들네는 신제주, 우린 조천읍내. 거리가 멀다. 신호를 받다 보면 버스로 50분, 한라산 넘어 서귀포 가는 거리다. 물리적인 거리를 뛰어넘는 게 정서적인 거리이고 마음의 거리다. 하지만 현실적으로 선택과 결정을 좌우하는 건 물리적인 거리인 경우도 적잖다. 마음은 오가려 절실한데도 시간의 제약을 받게 되면 실행을 접게 되고 마니까.

손자 지용이와 손녀 지유가 한 달이면 두어 번 집에 온다. 학원에 안 가는 일요일이 그날이다. 조손간의 만남은 혈연을 도탑게 할 뿐더러 만남 자체가 기쁨이라 늘 기다리게 된다. 학교와 학원을 번갈아 다녀야 하는 아이들은 바쁘니 잊고 지낼는지 몰라도, 내 쪽은 날을 세며 기다리기도 한다. 하는 일이 없고 고적해 자연 그런다.

온다는 기척이 없기에 일요일 아침에 전화를 걸었더니, 중2 지용이 녀석 하는 말, "할아버지, 오늘 못 갑니다. 시험 공부해야 돼요." 낮은 목소리인 걸 보아 하니, 이미 공부에 빠져 든 낌새다. 제법 어른스러운 목소리다. 이런 척 가라앉은 목소리는 처음이다. "그래, 그래, 알았다. 열심히 해라. 시험이 끝나거든 만나자." 7월 11부터 3일간 중간고사라니 딱히 두 주가 남았다.

중2가 되면서 나는 지용이 성적에 긴장하게 됐다. 석차를 내지 않아도 알게 모르게 성적 서열이 나오게 된다는 학년이 중2다. 지난 5월 초에 치른 중간고사에서 공공연히 서열이 드러났다. 지용이는 국·영·수·사·과 다섯 과목 중 틀린 게 네 문항이라 했다. 시험 뒤 며칠 만에 학급에서 1등이라 한다. 저들끼리 맞춰 본 결과겠지만 믿음이 갔다. 영어 수학이 만점인 게 대견스러웠다. 대입에서 합격 불합격을 결정짓는 최종 변수는 수학이다.

어른이 나서면 아이가 심리적으로 제약을 받는다. 말끝마다 '열심히 해라'고 하지 않기로 마음먹는다. 아이가 명석한데다 성질이 차분하니 잘해 내리라 믿는다. 또 내가 조바심치기 전에 제 부모가 어련히 알아서 할까.

워낙 육식을 좋아해 고기가 없으면 밥을 안 먹는 아이다. 지난 부처님 오신 날 절집에서 뷔페식 공양을 하는데, 녀석이 접시에 밥 두어 술 뜬 걸 보고 적잖이 놀랐다. 절 음식은 채식이라 토끼풀이라고 실망했을 테다. 그길로 집에 가서 점심을 먹었다니….

기말고사가 끝나기를 기다려 아이에게 고기나 실컷 사먹여야겠다. 한번 같이 갔던 그곳이 좋겠다. 가까운 아파트단지에 들어선 축협 직영 한우 전문식당.

마음 다잡는다. 앞으론, 제 입에서 시험 잘 쳤다고 말하기 전에 내 쪽에서 물어보는 일은 없다.

(2018)

유자나무

별 바른 마당 모퉁이가 작은 내 영토입니다.

이웃집을 등져 하늬는 면하니 한겨울 설한에도 지낼 만합니다.

한때 주인이 개를 매어 그늘을 내주라 하므로 고분고분 따랐습니다.

한데 그 개란 녀석, 허구한 날 줄기를 갉고 잎을 물어뜯는 통에 만신창이가 돼 신음 속의 날들을 보내다, 녀석이 집을 비우며 수난에서 풀려났습니다.

다시 햇빛과 이슬과 살랑대는 바람 속에 있었습니다.

5월이면 향기 진한 꽃을 피우고, 11월엔 닥지닥지 달아 놓은 열매기 익어, 눈 내린 겨울엔 찬연한 황금빛이 지등으로 빛났습니다.

내 몸 위로 행복이 뚝뚝 떨어져 내렸습니다.

그런데 이 웬 청천벽력인지요.

듣도 보도 못하던 깍지벌레란 놈의 내습으로 줄기와 잎이 온통 허옇게 뒤덮이더니 명줄마저 위태로웠습니다.

안타까웠던지 지난해 여름 폭염 아래 늙은 주인이 철 수세미로 제 몸 곳곳을 닦아 냈습니다.

땀 흘리며 가쁜 숨 몰아쉬며 손놀림이 가팔랐습니다.

사랑의 손길 뒤 불볕에 충에서 벗어난 몸이 지지리 지독한 옴에서 놓여난 것 같아 환호했습니다.

한데 그게 끝이 아니었습니다.

올여름 그 깍지벌레란 놈이 점령군처럼 대거 쳐들어와 내 몸을 포진했습니다.

불타는 여름, 녀석들에 얻어걸려 기진해 있는 내게 그러나 하늘이 무심하지 않았습니다.

어느 날 천사의 손이 다가왔습니다.

하다못해 손 내려놓은 주인의 친지가 생전 처음 보는 장난감 물총 같은 걸 갖고 와 내게 물을 쏘아댔습니다.

물세례는 의외로 강력한 것이었습니다.

삽시에 충이 산산이 씻겨나가면서 내 몸이 구석구석 세척됐습니다.

그 손은 볼썽사납게 일그러지고 뒤틀린 잎들과 도장지까지 말끔히 쳐내는 것이었습니다.

알고 보니 그는 귤나무 전정에 많은 경험을 축적하고 있었습니다.

인제 간신히 병마로부터 살아난 것 같습니다.

내겐 지난해 열매를 단 한 알 달지 못한 게 한으로 맺혔습니다.

내년엔 다시 열매를 갖고 싶습니다.

이제 탈탈 털고 불끈 일어나려 합니다.

(2018)

동네인심

세상이 삭막하다지만 읍내는 아직 훈훈하다. 사람 살 만한 곳이다.

멋쩍은 얘기이나, 시내에서 읍내로 내려와 30년, 감귤을 돈 주고 사먹은 적이 단 한 번도 없다. 과수원 하는 이웃집에서 컨테이너로 담아다 준다. 문우에게서도 간간이 건네 온다. 비상품이라 하나 그게 어떤 것인가. 거름하고 약치고 딸 때만 해도 알알이 손을 탄 것이다. 겸연쩍어 하면서도 받아먹게 된다. 주는 사람 마음이 있는 법인데, 성의를 생각지 않을 수 없는 게 서로 간의 정리다.

비단 감귤에 그치랴. 바다를 끼고 있는 반농반어 마을이라 미역이며 톳을 종종 내미는 손들이 있다. 무며 브로콜리며 쪽파, 호박, 양배추, 양파에 이르기까지 가짓수도 여러 가지다. 특별한 음식이라며 빙떡을 싸고 오거나 메밀범벅을 양푼에 동산만큼 펴 오기도 한다. 집에 와 아내와 함께 차 한 잔 하며 살아가는 얘기를 나누는 이웃 아주머니들이 올 때마다 무얼 들고 온다. 빈손으로 오기가 그렇다지만 쉽지 않은 일이다. 시골에서 나고 자라, 인심이 넉넉한 거야 잘 알고 있지만 이런 후한 인정이 어디 있으랴 싶다.

몇 집 건너 사는 아주머니가 비닐봉지에 무얼 잔뜩 담고 집에 왔다. "언니, 이시꽈?" 현관문부터 열어젖혀 가며 부르는 소리가 이렇게 정겨울 수가 없다. 누가 보면 친자매라 할 것이다. 산에 갔다 오는 길이라 한다. 아침에 가 반나절을 꺾었다는 고사리다. 비닐봉지 가득이다. 이 또한 손쉽게 건네지 못하는 초봄의 푸성귀이다. 고사리 꺾는 일은 들판이나 숲속을 휘저으며 다녀야 하니 그야말로 중노동이다. 한꺼번에 두 개를 꺾을 수 없는 일이다. 하나를 꺾을 때마다 눈 두리번거리면서 매번 허리를 잔뜩 구부려야 한다. 더욱이 육십 대 중반의 아주머니다. 초로初老의 문턱에 들어선 몸에 애써 꺾은 고사리라 남에게 주기가 쉽겠는가. 그런 걸 저렇게 한가득 가져오다니. 낯 안 서 고맙다는 인사도 어려울 지경이다.

고사리는 돼지고기와 찰떡궁합이다. 입안에 퍼지는 향이 일미逸味다. 두 번은 볶아 먹겠다며 아내의 얼굴에 웃음꽃이 구름처럼 피어난다. 그것 참….

두 아들이 아파트를 장만할 테니 다시 시내로 들어오라지만 주춤거리게 되는 게 바로, 동네인심이다. 사람은 정을 주고받으며 엮여야 살맛이 난다. 올해로 30년, 그새 고향이 돼 버렸다. 동네 떠나기가 쉽지 않을 것 같다. 인심이 붙잡는다.

울타리

울타리는 집과 집 사이의 경계다. 소유의 영역 표시다.

옛날 못 살던 때, 시골집에 대문은 없어도 울타리는 둘렀다. 구멍 숭숭한 현무암을 어른 키 높이로 쌓아 테두리 지으면 그 안엔 바람도 함부로 나대지 못한다. 오가며 담장 구멍으로 집 안 동정을 들여다봐도 흉이 되지 않던 순정한 시골 사람들의 그런 시절이 있었다.

우리 집과 이웃 집 사이엔 울타리를 넘나드는 기막힌 장치를 냈다. 발품 들이며 빙 돌아가야 하는 불편을 던다고 두 집 사이 울타리 한쪽 모퉁이에 큰 돌 몇 덩이를 겹으로 놓아 디딤돌을 만든 것이다. 텃밭을 가로질러 아이도 더듬어 넘었다. 후다닥 몇 걸음에 넘으면 되니, 비 오는 날에는 우비가 없어도 됐다. 쉽게 드나드는 통로가 생기면서 두 집 사이 이격을 메워 훨씬 가까워졌다. 몇 걸음 덜 걸어 넘을 수 있는 거리의 단축이 이웃 간의 정을 더욱 도탑게 한 것이다. 햇고구마를 삶았다고, 진눈깨비 파닥이는 저녁 메밀 범벅을 쒔다고, 자정 넘어 제사 퇴물이라고 손을 내미는 낮은 울타리의 기억이 새롭다. 돌을 올려 쌓았을 뿐 이웃 집 울타리는 있어도 없는 듯했다.

우리 집엔 돌담을 돌아가며 옥수수를 심었다. 녀석들이 줄 지어 자라면서 울타리와 키를 재던 풍경이 여름 더위를 잊게 했다. 옥수

수가 아이 팔뚝 만해지면 따서 삶아 김 모락모락 나는 놈을 작은 함지에 담아 이웃 할머니에게 넘겼다. "아이고, 그냥 거기 있거라. 내가 가마." 행여 어린 것이 다칠라 굽은 등 펴 가며 한걸음에 달려오던 노인의 센 머리, 쪼글쪼글한 주름을 지우며 허옇게 웃던 웃음이 떠오른다.

부자들이 사는 서울 청담동에 간 적이 있다. 신상 문제로 윗분을 만나러 간 길이었다. 초저녁인데 눈앞에 보이는 거라곤 지붕과 건물을 두른 높다란 울타리뿐, 어떻게 된 건지 사람 사는 집 창들은 별로 눈에 들어오지 않았다. 울타리들이 턱없이 높았다.

경비실을 거치며 물어물어 찾아간 집인데, 떡 막아선 대문과 성채 같은 울타리에 기가 팍 죽었다. 단지 시골에서 올라가 그런 게 아니다. 나를 주눅 들게 한 것은 물리적인 높이로 사람을 압도해 오던 그 집 울타리였다. 울타리는 울타리로 연접하는 집약된 도시의 동네 구도가 눈길을 팽팽히 댕겼다. 곧바로 이어진 어느 대학 총장 저택이라는 이웃집의 높고 길게 뻗어 있는 울타리는 궁중 담벼락이었다.

용건도 풀리지 않은 채 빠져 나온 낯선 거리에 눈이 내려 하얗게 쌓였고, 때마침 불어 닥친 한풍이 적설을 흩날려 앞이 보이지 않아 심난했다. 한참 빠져나와 어느 골목 허름한 선술집에서 선짓국에 소주 한 병을 비우자 가까스로 숨이 돌아왔다.

손꼽아 보니 스물 댓 해 전 일. 그 후로 서울엔 자주 갔지만 청담동에 발을 놓지도 않았거니와 기억 속에서 그곳을 말끔히 지워 내고 있다. 머릿속에 틀어 앉은 어두운 빛깔은 지울수록 살아가는 현재가 빛나는 것 같아서다. 높고 기다란 울타리가 보이면 눈부터 딴 데로 돌린다.

울타리는 내 안에도 둘렀다. 어릴 적 어머니의 울타리는 높았다. 또 에둘러 길었다. 울타리 안에 알맞게 갇혔던 안마당이 아늑했고 나는 그 속에서 안온하게 안겨 자랐을 것이다. 허약해 식은땀 흘리는 나를 업고 간 동네 우물 가에서 물 떠놓고 빌던 어머니의 비손, 그때 당신이 목메었던 기원의 언사는 무엇이었을까. 하얀 대접 물 위로 내리던 새벽 달빛의 서기瑞氣만 회상 속에 싱그러운 빛으로 남아 있다. 어머니는 내게 바람을 막아 주던 그윽한 울타리였다. 높고 길게 그리고 겹겹이 둘러놓은 탄탄한 울타리였다. 차고 거센 바람, 궂은비며 모진 설한도 비켜간 것이 다 울타리 안에서 기도가 자아낸 당신의 영검 덕이었다.

울타리는 울타리로 이어지는가. 어머니가 나를 감쌌던 그게 내가 내 아이들을 품는 울타리로 이어졌을까. 뭔가 추단하지 못하게 속이 허해 홀연, 삼대로 이어지는 울타리의 대물림이 궁금하다. 두 아들을 키우며 애써 훈육하던 때, 나는 내 아이들의 울타리가 되리라 마음 다잡아 매진했지만 이젠 아닌 것 같다.

나이 들면서 내가 둘렀던 울타리가 힘이 풀려 긴장을 놓아 버리는지도 모르겠다. 마음은 있으나 힘없는 신세라 손을 뻗되 닿는 재간이 없으니 안타까운 노릇이다. 외려 아들들이 팔 벌려 나를 끌어안으려 한다. 비바람을 막아 주던 울타리가 비바람을 긋는 울타리가 돼 있다. 이도 통과의례인가. 눈에 안 보이지만 엄연한 세대교체의 그 흐름임이 분명하다. 그러고 보니 내가 틀어 앉은 이 울타리 안이 어느새 화평하다.

읍내로 내려오면서 집을 짓고 울타리를 나중에 둘렀다. 작은 집에도 울타리는 있어야 한다고 생각했고, 이왕 쌓는 것이라 내 어깨 높이에 맞췄다. 아무래도 울타리가 턱없이 낮은 서양과는 다른 게 우리다. 확 열어 놓기보다 살짝 감추면 좋다. 유교를 공기처럼 들이마셔 온 체질이라 남의 속을 깊이 들여다보지 않는 게 미덕인 것 같다. 먼저 존중하면 존중 받는다. 거기서 은연중 겸손한 삶의 덕을 쌓게도 될 것이다.

마당에 내려선다. 울타리 따라 나무들이 늘어서 어깨를 겯고 있다. 6월의 울타리가 초록으로 뒤덮여 덜퍽지다. 무성한 숲이 넓고 깊은 그늘을 만들었으니, 가진 게 없어도 넉넉하다.

(2018)

첫새벽에

날이 새기 시작하는 새벽이 첫새벽입니다. 신새벽이라 쓰면 사전에 첫새벽의 잘못이라 나옵니다. 글을 쓰다 후다닥 바로잡은 적이 있어요. 동살 터 오는 정갈하고 순수한 시간에 우리말을 제대로 쓰지 못해 온 자신이 부끄러웠지요. 평생 국어 선생을 하고 글쓰기에 매달리다시피 하면서 참 민망했습니다. 여전히 표기법이며 띄어쓰기에서 오류를 벗어나지 못하는 수가 있어 자신을 돌아보게 합니다.

우리말을 글로 쓰기가 여간 까다롭지 않아요. 그래서 글 몇 줄 쓰면서 국어사전을 옆에 끼고 삽니다. 동아 『새국어사전』이 꽤 오래돼 나달거립니다. 이 사전으로 해결이 안될 때면 국립국어연구원의 『표준국어대사전』에 기대게 됩니다. 상·중·하로 된 7308쪽짜리 묵직한 사전(1999)입니다. 글이야 어떻든 우리글을 바르게 써야 한다는 일념에는 흔들림이 없지요. 글 쓰는 사람의 마지막 고집일 겁니다.

오늘 '첫새벽'이란 말을 처음 열어 보았어요. 거기, "첫새벽이라 떠나는 것은 보지 못했소이다만 강쇠를 깨워서 운봉 어른 뫼시고 먼저 가라 이르더랍니다." 박경리의 『토지』에서 인용한 용례가 나와 있더군요. 이쯤 되면 낯선 말도 눈을 반짝이며 내 안의 작은 곳간으로 들어와 자리를 틉니다. 우리말과의 해후는 언제나 숨찰 만큼 기뻡니다. 그 순간, 가슴이 쿵쾅거리곤 합니다. 어린 아이가 따로 없지요.

나는 대체로 3시쯤 잠에서 깹니다. 오래된 버릇입니다. 첫새벽인 셈이지요. 두어 번 얼굴에 찬물을 끼얹고 젖은 손으로 머리를 쓸어내리면 정신이 번쩍 듭니다. 곧바로 각성에 드는 낌새를 느낄 수 있어요. 몸은 민감하게 반응하는 유기적인 조직체이지요. 세포들이 돌기처럼 일어서면서 나를 어제의 경계에서 오늘로 틀어 앉힙니다.

골똘하던 생각의 끝자락을 꺼당겨 섬세히 다듬거나 몇 줄 쓰던 글에 손이 가 있기도 합니다. 키보드 위의 손에 속도감을 느낄 때가 바로 첫새벽이지요. 첫새벽은 첫 깨어남과 같은 맥락이란 생각이 듭니다. 몸도 머리도 밤새 쉬었으니 정상 작동하게 되는 것일 텝니다. 제법 돌아가지요. 이런 선순환구조에 몸을 놓으면 때로 신바람이 납니다. 틈을 놓치지 않고 유용하게 쓸 때 글이 온전해 지는 걸 경험해옵니다.

우수를 며칠 앞둔 날, 오늘도 첫새벽에 잠을 물렸습니다. 동창을 열었더니 추적이며 뿌리는 빗소리입니다. 큰비는 아니지만 봄을 일찌감치 시샘하는 꽃샘 예고편인 것 같네요. 한겨울은 따스해도 꽃샘은 혹독하잖아요. 방에 밀려든 백매 향이 위안이라 묵연히 책상 앞에 앉기로 합니다.

재활용지로 맨 백지 노트를 받아 앉습니다. 요즘 들어 시가 잘되지 않아 몹시 부대낍니다. 소재의 빈곤을 내세우나 실은 이미지의 고갈입니다. 정서가 촉촉이 젖어 있어야 하는데, 갈바람에 서걱대는 마른 잎처럼 사물에는 닿되 내게로 일렁여 오며 감흥이 일지 않으니 심각한 일입니다. 하지만 내게로 달려드는 파도의 이랑을 기어이 경작할 겁니다. 밀물과 썰물의 운율을 조율해야지요. 시는 내게 정인情人인데 떠나보낼 수 있나요.

만년필의 굵직한 궤적이 한 편의 시를 받아쓸 때의 희열喜悅은 무엇에도 비할 수가 없지요. 그걸 워드로 쳐 가며 시나브로 한 편의 시가 완성되는 과정을 나는 즐깁니다. 잘된 시인가 하는 것은 다음 문제이지요. 첫새벽에 시 한 편을 쓰고 나면 아침이 신납니다.

(2019)

질문

손자 지용이가 올해 중3이다. 3월 3일이 일요일이라 한 학년 오르는 날이 4일이다. 일요일에 제 누이 지유랑 집에 왔기에 중국집에서 점심을 같이 먹으며 3학년을 축하해 주었다.

말하는 중에 국어가 약하다 한다. 일곱 살 때 내 곁에 있게 돼, 꽤 많은 한자를 공부시켰었다. A4지를 32절 해 놓고는, 그때 익힌 한자 몇 자를 써 '한자책'이라 이름 붙였던 어엿한 저자(?)다. '김지용 지음'이라면서. 한자를 일찌감치 만난 푼수로 하면 낱말 풀이가 한결 쉬울 텐데 국어가 약하다니….

"그래? 그러면 국어 공부하다 질문할 게 있거든 할아버지한테 물어 볼래? 메일로 하면 되겠구나. 자세히 답해 줄게. 알았니?"

고개를 끄덕이며 삽시에 아이 얼굴에 웃음이 뽀얗게 퍼진다. 성적이 상위인데, 영 · 수에 비해 국어가 취약하다니 거들어 줄 의무를 느낀다. 제대로 도와줘야 한다. 인문계 국어 선생을 하던 왕년의 관록(?)을 손자에게 과시할 절호의 기회란 생각이 들었다.

녀석, 성질 한번 되게 급하다. 질문이 뒷날 곧바로 당도했다. 3학년이 되는 첫날 새벽, 메일이 도착해 있다.

"할아버지, 문학을 공부하다 모르는 단어가 있어 여쭤 봅니다." 간

단명료하다. 읽는 글 제목이 〈문학의 수용과 생산(1)〉이다. 중3이 고교 과정을 앞당겨 하는 눈치다. 요즘 아이들은 선행학습으로 과정을 앞당겨 하는 모양이다. 얘가 지난해 고2 수학 문제집을 풀고 있는 걸 본 적이 있다.

'맥락'의 정확한 뜻, '꽃구경하는 선비의 적삼'에서 '적삼'의 뜻, '모든 사물이나 현상은 외따로 존재하지 않는다'에서 '외따로'의 뜻을 묻고 있다.

조손간 첫 통신학습이다. 자세히 설명을 달아 주었다. 이를테면 '적삼'의 경우, 윗도리에 입는 홑저고리란 뜻에다 한자어로 단삼單衫 그리고 예문을 들었다. "적삼 벗고 은가락지 끼는 격에 맞지 않는 짓을 한다." 격에 맞지 않는 짓을 빗댐이라 해 놓았다. 그래도 뭔가 허전해 시골에 가면 여름날 동네 정자에 홑적삼 입은 노인네들이 모여 앉아 한담을 즐기는 풍경을 흔히 볼 수 있다고까지 갔다.

자정 넘은 시간에 메일이 왔다.

"아!! 할아버지, 감사합니다. 이제 정확히 이해된 것 같아요."

녀석에게서 거푸 질문이 들어온다. 이번에는 무려 아홉 가지나 된다. 《이춘풍전》을 읽다 모르는 말들에 맞닥뜨렸다는 것이다. '연민, 말미, 호조 돈, 수쇄하다, 차담상, 지어미, 원앙금침, 남복하다'….

이쯤 되고 보니 내 쪽에서 전투태세를 갖춰야 하게 생겼다. 모두 고전소설 《이춘풍전》에 나오는 어휘들이다. 어려운 게 '호조 돈'. 육조 중 호조의 돈인 걸, 기억 속을 헤매다 한참만에야 끄집어냈다. 주인공 이춘풍이 장사한답시고 호조에서 빌린 돈 2천 냥과 아내가 모은 돈 5백 냥을 가지고 평양에 가 한다던 장사는 팽개치고 기생 추월이에 혹해 돈 탕진하고 몰락해 끝내 추월이네 집 하인이 된다는 대목의 그 돈이다.

내친 김에 소설이 조선 후기의 평민문학으로 여성의 활약상을 내세웠다고 살짝 귀띔했다. '말미'는 시집간 며느리가 꿈에 그리던 친정에 나들이하는 휴가임을 절실하게 풀었다. '차담상'은 '다담상'으로도 쓰는 것으로 손님에게 음식 대접을 위해 차린 상이라 답했다.

바로 답이 날아왔다.

"와!! 정말 감사해요. 할아버지 덕분에 국어공부가 한층 수월하네요. 감사합니다."

인사치레할 줄도 알고, 언제 이렇게 컸나, 놀랍다.

한 숨 돌리려는데 바람처럼 질문이 내 계정을 노크한다. 이번에는 〈문체와 단어〉란 글 속에서 만난 말들이란다. '운문 · 산문체, 높은 톤정, 수미상관, 칼부림 당하다' 이렇게 다섯이다. 아이가 숨 가쁘게 물어오는데 내가 걔에게 질 수 있는 일인가. 이왕 거드는 것인데, 머리에 쏙쏙 들어가라 양념을 쳐 가며 풀어 보냈다. 특히 운문체는 충무공의 시조 '한산섬 달 밝은 밤에'를 예로 3.4조의 운율을 설명하고, '잔디 잔디 금잔디' 소월시 〈금잔디〉를 예로 들었다. 이해가 쉬웠을 것이다.

이 답은 녀석이 중3이 된 이틀째 새벽에 보냈다. 역시 자정 넘어 질문하고 잠들었겠다. 내 답을 열어 본 것은 00:12인데 답 메일이 꿩 구워 먹은 소식이다. 자랴, 학교 가랴 챙기느라 시간이 되지 않았을 것 아닌가.

고 녀석, 참 바지런도 떤다. 이 기세가 언제까지 갈는지는 모른다. 아무튼 아이가 물어오는 대로 충실히 답해 줘야지. 기해년 들어 뜻밖에 중요한 일거리가 하나 생겼다. 일 없는 내게 누가 이런 기회를 내려 줬을까. 조손간의 일이고 보니 적이 신기한 게 아니다. 세상에 이런 좋은 일이 어디 있으랴.

'지용아, 할아버지한테 질문만 해라. 국어에 관한 거라면 자세히, 재밌게 답해 주마. 알겠니?'

불출이라 해도 감수하려 한다. 지용이는 영특한 아이다. 조손간, 우리는 서로 사랑한다. 그 사랑이 국어공부로 더욱 무르익어 간다.

(2019)

밥 3

별안간 머릿속을 '밥'이란 단어가 점령했다. 사전 속 수많은 말들이 까무룩 숨고 밥으로 꽉 채운다. 전에 없던 일이다. 왜일까. 뭘 먹다 체한 것도 아니면서 명치끝이 빳빳해 온다.

일흔여섯 살, 그동안 축낸 밥 그릇 수를 대충 셈해 본다. 하루 세 끼 곱하기 365일, 곱하기 76을 하니, 무려 8만 3220끼다. 산술급수치고 덩치 큰 숫자다. 그럼에도 매 끼마다 나는 내가 먹을 밥의 양을 아직도 가늠하지 못한다.

요즘 들어 밥통의 밥을 손수 밥그릇에 퍼 담는다. 내 밥이니까 내가 푼다는 게 아니다. 날마다 먹을 양이 다를 수 있다는 묘한 셈을 하게 된 때문이다. 왼손에 받쳐 든 밥의 무게가 뇌로 이동하며 뭘 따지는 과정에서, 나는 오늘은 별 일이 없으니 이정도면 돼, 혹은 목전의 일을 해내려면 힘들 테니 밥을 더 먹어야 해 하는 식으로 간다. 언제부터인가 밥을 공기에 담을 때 주걱을 이용하지 않고 숟가락을 쓰고 있다. 서너 번이면 충분하다. 처음 두세 번은 듬뿍, 마지막은 조금 보탠다고 얄브스름히 떠 얹는 식이다.

날마다 반복하는 것이라 손이 잘 타기도 하지만, 매번 그 양이 조금씩 줄어드는 추이다. 심중에 잠재했던 소식하자 한 의식이 고개를 들기도 할 테지만, 그보다 밥 자체에 대한 한 가닥 사유가 간여하려는 것 같다. 의식 이전 무의식이 몫을 하려 한다는 것을 느끼며 묘한 기분이 된다.

축낸 밥만큼 이치에 통달하는지도 모른다. 이제야 밥에 대해 정색하는가. 한 톨 쌀알이 나오기까지 여든여덟 번, 농부의 손을 거친다 하니 웬만한 노고가 아니다. 그 노고란 게 농부가 흘린 땀의 총화–땀이 쌓이고 쌓여 종당에 남은 축적물이 쌀이란 의미일 것이다. 나는 농촌 태생이라, 수없이 밭을 드나드는 농부의 발걸음 소리에 귀 기울여 일찌감치 그 노고란 걸 목도하며 자랐다.

밭은 땀 흘리는 농부의 영지領地다. 토지 곧 농부들 삶의 본무대다. 평생을 오로지 씨 뿌리고 거름 주고 김매고 거두는 그들은, 설령 천재로 대가가 주어지지 않아도 절망하지 않고 하늘을 우러른다. '농자 천하지대본', 농부는 땀으로 일용할 양식을 장만하는 위대한 일꾼들이다. 농사야말로 생명을 먹여 살리는 성스러운 노역이다. 실로 장엄하다. 농부의 밭은 성지인데 누가 범접하랴. 농부만이 잡초를 내몰 수 있다.

밥을 받아 앉아 성호를 긋는 교인 앞에서 수저를 집으려던 손이 멈칫한다. '우리에게 일용할 양식을 주옵시고…' 마음속에서 외우고 있을 것이다. 갑자기 식탁이 경건해진다.

생략되고 절제된 짧은 의식이 밥에 대한 사고의 빌미를 제공한다. 밥은 단순하지 않다. 땅과 물, 불과 바람, 이슬과 빗물이 스며있다. 공깃밥 한 그릇 옆에다 배춧국에 김치 한 접시로 놓인 밥상에서 나는 지구와 우주와 인간을 생각한다. 이제야 철이 드는 모양이다.

문득 어렸을 적 내가 먹었던 밥들이 각각의 얼굴로, 그때의 풍정風情으로 떠오른다. 산업화 이전 농촌이 다 그랬지만, 보리밥 · 조밥 · 고구마 밥 · 톳 밥 · 수수밥 · 메밀범벅 따위들이다. 그중 고구마 밥과 톳 밥은 순수하지 않아 좁쌀에 그것과는 이종異種인 고구마와 톳을 혼합한 것으로 이를테면 요즘의 퓨전이거나 하이브리드다. 좁쌀은 소위 '눈 밝은 닭이나 찾아 먹음직'했으니 딴은 서러운 시대의 고단한 풍경이었다.

반지기란 밥이 있었다. 서속밥 안친 솥 구석에 밭벼쌀 두어 줌 섞어 양은그릇에 얹던 그 밥, "오늘, 네 생일이구나, 배불리 먹고 학교에 가거라." 내 생일 아침이면 해마다 어머니는 으레 그렇게 한마디 남기고 잰걸음으로 어둑새벽 집을 나섰다. 순간, 어머니 등 뒤에 가 있던 눈이 촉촉했다. 말 그대로 반반 섞어 지은 밥이 반지기다. 나는 지금도 생일마다 옛날 어머니의 그 밥을 떠올린다. 어머니가 그립다.

60년대 초였을까. 알랑미란 수입쌀이 한국인 밥상에 반반히 오른 적이 있었다. 베트남산인 걸 알게 된 건 세월이 지난 후였다. 베트남의 한자 차자借字가 안남安南이고, 이 말이 활음조로 소리 내기 좋게 변해 알랑미였다. 차지지 못해 메조처럼 알알이 따로 놀았다. 조악했다. 그래도 그 밥이 목을 넘었으니, 그래서 한국인의 특성을 끈기라 하는 것인지 모른다.

언젠가 절집 요사채-식소-에서 발우공양을 체험한 적이 있었다.

도톰해 미더운 목제 그릇에 흰밥과 나물국이 시울 그득 담겼지만 반찬이란 건 산나물무침 한둘이 고작이다. 일행 스물 남짓이 양반다리로 밥을 먹는데 그릇에 수저 부딪는 소리커녕 숨소리도 안 들린다. 밥 먹는 곳까지 따라 와 앉은 숨 막힐 듯한 산사의 고요. 그 속으로 함께 가라앉은 건가, 낯선 절밥에 끌린 건가. 나는 사뭇 무화해 있었다. 평소 뭘 먹을 때 심한 쩝쩝 소리도 온데간데없었으며. 눈으로 공허의 실체를 보고, 그것의 촉감을 만지고, 그것의 향기를 맡고 있었다. 밥 티 하나 남김없이 먹고 나서 물로 헹궈 천으로 닦아 시렁에 얹던 발우공양은 색다른 체험이었다.

밥이라고 다 밥이 아니다. 때와 곳, 누구와 함께 하느냐 그리고 왜 먹느냐는 화두를 얻고 사색의 실마리를 풀려 할 때 그 맛은 평소와 썩 다르다. 그건 내게 오는 의미와 무게다.

밥은 삶의 준거準據다. 온갖 사고와 행동거지가 밥에서 발원한다. 우리는 밥에 울고 웃는다. 실제 그러면서 궁핍과 혼란 속에서 어둡고 지루한 역사의 터널을 지나왔고, 암울하던 시대의 강도 건넜다. 관념적 · 철학적 사변을 떠나 실재하는 게 삶이고 현실이다. 때론 단순할 필요가 있다. 얼토당토않아 뵈도 살기 위해 먹어야 했고, 먹기 위해 살아야 했다, 밥을.

소박한 식탁이었다. 어느 스님이 손수 삶아 낸 소면에 진한 콩국물을 붓고는 합장해 공양송을 읊었다 한다.

"이 밥은 대지의 숨결과 강물의 핏줄, 태양의 자비와 바람의 손길로 빚은 모든 생명의 선물입니다."

함께하던 사람들, 종교를 떠나 조촐한 밥상에서 작은 감동을 공유했으리라. 그런 목소리라면 단박 공명할 수 있어야 사람이다. 종교는 버금 문제다. "밥은 하늘이다. 밥에서 한국인은 이상을 찾는다." 김지하 시인의 말이다. 밥에서 하늘을 보았으니, 하늘인 밥을 허투루 하랴.

점심을 해결해야겠다. 그새 주눅 든 건가. 숟가락으로 밥그릇에 먹을 만큼의 양을 뜨려다 주춤한다. 그냥 흰쌀밥이 아니라 백미에 현미, 팥과 녹두와 콩을 조합한 오곡밥이다. 콩국수 한 그릇을 받아 앉고 공양송을 읊은 스님을 떠올린다. 밥을 이룬 것은 살아있던 수많은 생명의 육肉보시로써 가능했다.

생명에 대한 감사의 마음이 샘솟고, 나는 열락의 문턱에 들었다. '뜨자, 먹을 만큼만 요량해 뜨자. 어차피 내 몫으로 와 있으니 먹어야지. 먹는 게 밥을 밥으로 존재하게 하는 것이지.'

해 오던 대로 두세 숟갈을 듬뿍, 마지막 한 숟갈은 얇게 떠 공기 시울에 닿아 변죽만 울리고 있다. 밥에 감사하니, 심신이 평안하긴 한데, 이유는 알 듯 말 듯하다.

(2019)

신앙의 이유

문득 신앙을 생각한다. 신이거나 그에 어금버금할 어떤 존재를 하늘같이 우러르는 것, 절대한 그분을 믿고 따르고 섬기는 행위, 사람이 경건해지면서 가장 신중하고 집중하고 진지해질 수 있는 매우 강렬한 그것인 신앙에 대해.

먹고 마시고 자고 안에 틀어박혀 답답하니 나갔다 바람 쐬어 들어오고 허기를 다독인다고 책 읽고 생각에 잠기고 글 몇 줄 쓰고 자다 깨어 밤새 투명해진 새아침을 맞고, 시간의 등을 타고 저녁으로 밤으로 물 흐르듯 흐른다. 하늘을 보며 아득한 창공의 무변광대에 아찔해 하고 바다를 바라보며 끊임없이 말려드는 파도에 같이 말려들고 비행운만한 흔적도 없이 공중을 외롭게 나는 한 마리 새의 아슬아슬한 비상이 획득해 순간순간 누리는 자유에 손뼉 치며 환호하고….

사람이 가장 긴장하는 것은 이성과 감정 사이 깊은 골짝을 넘어서려 벌이는 그 고투의 순간일 것이다. 먹고 살기 바쁠 때, 맥 빠진 철학에서 떨어져 나와 그렇게 쪼들려선 자존이니 정체성이니 하는 것을 내팽개쳐야 하는 절체절명의 위기, 경험한 적 없는 패닉에 놓이게 될 때, 처처에 따뜻한 눈길도 손을 잡아 주는 뜨듯 미지근한 한 움큼 온기도 없을 때의 고적함이라니.

배곯는 것보다 더한 것이 현실과의 터무니없는 간극, 사회적인 어떤 틀로부터의 막 나가 버린 해체 이완의 거리감에 몸도 마음도 주체하지 못해 휘청거릴 때, 매무새 고치려는데 손에 잡히면서 이미 옷으로 제몫을 다해 너덜대는 남루. 응원해 주는 소중한 한 사람이 없을 때, 이미 떠나가고 남아 있지 않을 때, 차마 울지 못해 흑흑 흐느껴 웃을 때가 자신에게 가장 위태로운 것을 알아차린다. 하여도 항심으로 되찾아라, 기어이 네 평상을 수복하라는 의지만으로는 위안의 말이 될 수 없다.

산속에 호수가 있다. 큰 숲을 두르고 앉은 아늑한 공간이다. 낮 한때 양순한 들짐승들이 다녀간다. 하지만 바람이 불고 파도가 칠 때는 그림자가 비치지 않는다. 날아가는 새도 눈 한 번 맞추지 않고 지난다.

성실해야 한다, 사람은 성실하게 살아야한다, 윤리적으로 청렴하고 명징해야 한다 하여도 인생을 향해 최후에 내리게 되는 단안은 성실하게 살아야 한다는 것이다. 귀납한다. 결론이다. 인간이 인간답게 살기 위해 가장 소중한 게 무엇인가. 단연코 성실이다. 왜 그런가. 성실을 잃어버리면 인간이 안되기 때문이다. 그대로 한계다. 성실한 마음으로만 살면 그건 철학이다. 철학은 철학일 뿐 그 이상도 그 이하도 아니다. 헛헛하다. 공허한 자리, 거기서 신앙이 나온다.

호수가 조용해지면 안 보이던 그림자가 보인다. 잔주름만한 물결이 이는 반반한 호면 위로 산 그림자가 뜬다. 달그림자가 비치고 별

그림자가 뜨고 흐르는 운석隕石도 내린다.

호수는 요지경 속인가. 놀라운 가시적 변화다. 내 마음은 호수, 인간은 호수와 같다. 모든 사물은 은유라고 했다. 그렇다면 아니다. 인간이 호수다. 자기 자신을 굳건하게 믿을 때는 달그림자가 비치지 않는다. 어째서 버둥대는 건가. 자기 한계를 깨달을 때, 그때 비로소 성실이 경건함으로 바뀐다. 드디어 변곡점에 이른 것이다. 신앙은 그 자리로 들어선다.

왜 그러는가. 정신이란 게 도대체 왜 그런 전환에 휘둘리는가. 내 인생의 짐을 더 지고 갈 수 없다. 임계점에 이른 것이다. 눈앞에 봉착한 자신의 문제를 자신이 해결할 능력이 없다는 것이다. 토정한다. '성실만으로는 안됩니다. 성실을 지나 경건함으로 마음을 열어야겠습니다.' 개안이고 신앙이다. 내 안에 정신의 새 움을 틔우는 신앙 그리고 종교.

내 마음은 호수인가. 내 호수엔 바람 자고 물결 일지 않는가. 산그림자 뜨고 달그림자 비치는가. 날아가던 새 머무는가. 그동안 산다는 것에 열중해 왔다. 성실했을 것이다. 그건 확실하다. 나를 끄집어내 나를 응시하지만 삶에 몰두했던 게 분명해 보인다. 한데 속이 텅 비어 있다. 문득 다가온 따뜻하고 부드러운 손길, 신앙이 눈앞에 당도했다.

왜일까. 숲을 헤치며 걸어 절집을 두드렸는데 성큼 들어서지 못한다. 경배하되 주변을 서성거리는 종교의 경계인. 방황은 아직도 끝나지 않았다. 구원 받지 못한다. 이냥 이대로 살려 한다. 신앙 이전,

성실의 계단에 그냥 나앉아 있으려 한다. 무슨 수나 묘책이 나올 수 없다. 내게 아직 신앙의 이유는 없다.

(2020)

엄마의 품

'우리는 똑같이 두 팔을 벌려 그 애를 불렀다 걸음마를 가르치고 있었다 그 애가 풀밭을 되똥되똥 달려왔다 한 번쯤 넘어졌다 혼자서도 잘 일어섰다. 그 애 할아버지가 된 나는 그 애가 좋아하는 초콜릿을 들고 있었고, 그 애 할머니가 된 내 마누라는 그 애가 좋아하는 바나나를 들고 있었다 그 애 엄마는 아무것도 들고 있지 않았다 빈 손이었다 빈 가슴이었다 사실 그는 그럴 필요가 없었다 달려온 그 애는 우리들 앞에서 조금 머뭇거리다가 초콜릿 앞에서 바나나 앞에서 조금 머뭇거리다가 제 엄마의 품으로 뛰어들었다 본시 그곳이 제 자리였다 알집이었다 튼튼하게 비어 있는, 아, 둥글구나' (정진규의 〈엄마의 품〉 전문)

아이를 키워 본 경험이 있는 사람이라면 가슴 되게 울렁거릴 것이다. 풀밭에서 첫 걸음을 떼 놓은 아이의 아슬아슬한 직립 실험, 그 순간. 아이는 좋아 키득거릴 것이고 엄마는 기뻐 활짝 웃을 테다. 아이가 처음 서서 걷는다. 대사건이다. 이런 황홀한 순간이라니.

엉금엉금 기다 일어나다 넘어져 뒹굴다 일어서 첫 발을 내딛었다. 첫 돌의 눈부신 진화, 한 아이의 놀라운 성공신화다. 지켜보던 가족들 너나없이 일제히 손뼉치고 환호하리라.

눈앞에 극적인 장면이 벌어진다. 풀밭을 되똥거리며 걸음마 떼어 놓는 아이를 어른 셋이 꼬드긴다. "아가야, 이리 온. 이거 줄게, 초콜릿." "아니야. 이게 달아요. 바나나." 그중 할아버지와 할머니 두 어른이 말 대신 맛있는 걸 손에 들어 흔들어대고 있다. 어서 오라고, 넌 귀여운 내 새끼니까 내게 오라고, 와서 내 품이 안기라고. 초콜릿과 바나나 둘 다 손주가 좋아하는 걸 안다. 그래서 고른 것이다.

한데 아이는 맛있는 초콜릿도 바나나도 택하지 않았다. 두 어른 앞에서 멈칫했을 뿐이다. 아이가 뛰어든 것은 엄마 품이었다. 초콜릿도 바나나도 없는 엄마의 빈 가슴이었다. 아이의 선택은 여지없었다. 매달려 젖을 빨던 애초의 품, 따뜻한 가슴이었다. 자식보다 두불 자손이라지 않는가, 아들보다 손주를 더 아끼는 건 인지상정이다.

사실이지 조손간 사랑이 모자간의 사랑보다 결코 덜하지 않다. 더하고 덜하고 견줘서도 안된다. 1촌과 2촌이라고 친족계보의 촌수를 셈할 것도 아니다. 보라, 아이는 할아버지 할머니 쪽으로 기울다 마지막 고비에서 엄마를 택한 것뿐이다. 웃어른을 숫제 외면한 게 아니고 얼굴을 돌리고 등을 보였을 뿐이다. 단지 그랬을 뿐이다.

아이는 선택형 시험을 친 게 아니다. 그냥 엄마 쪽으로 돌진한 것뿐이다. 초콜릿과 바나나라는 장치는 인위이고 기교일 뿐인 게 확연해진 순간이다. 엄마의 품은 무엇과도 바꿀 수 없는 무위이고 본래라 그런 것이다. 부모 없이 크는 조손 가정의 아이들 그림에 반드시 엄마 아빠가 등장하는 이유이기도 하다.

엄마의 품은 아이에게 원초다. 세상 어느 자리, 어느 곳보다 편안하고 안심되는 그 자리, 알집이다. 한 인간이 일생을 살면서 가장 그리워하는 근원의 자락, 잊히지 않는 둥그런 시원의 세계, 우주다. 그것은 통속이 아닌, 때 묻지 않은 천의무봉天衣無縫의 것, 먼지 하나 섞이지 않은, 흠결 없는 완미完美한 처소다.

어미의 사랑이 머무는 곳, 무욕이고 무심이다. 세상에 태어나 처음으로 경건하게 포용이란 걸 배웠던 자리다. 최초의 믿음으로 기억되는 그곳, 엄마의 품.

(2020)

3_정원의 돌을 품다

백매의 언어

동창 테라스 너머 백매 한 그루가 서 있다. 새벽, 눈 비비며 창을 열면 기다렸다는 듯 바로 눈으로 온다. 어둑새벽 첫 대면인 녀석은 철철이 다른, 현란한 언어 구사로 나를 흔들어 깨운다. 묵연한 짓의 언어, 말없는 그의 말에 이목이 쏠린다.

봄엔 빈 가지를 연둣빛으로 갈아입혀 계절의 희망을 꿈꾸듯 홍얼거린다. 겨울을 나느라 혼곤할 텐데도 꼿꼿하다. 저 강단과 결기는 어디서 오나. 나와는, 바위틈에 뿌리 내려 견뎌 온 사반세기로 쌓인 꽤 오랜 정리다. 훈풍에 살랑거리는 몸짓 하나에도 발랄한 파동이 느껴진다. 얼음장 밑을 흐르는 물소리 파장이다.

여름엔 진초록을 덧칠해 깊어 가는 시간의 의미를 빛깔만큼의 깊이로 사유하라 묵중한 언어를 엮는다. 실은 내게 보내는 엄중한 잡도리다. 여름 한철 땡볕 아래 생장의 계단을 밟으며 어김없이 풀어 가는 심박의 노고는 맹렬하다. 보이려 않는다. 깊이 감춘 열매의 비밀을 안 건 내게 발견이었다. 어수룩한 나로서 내공은 내놓는 게 아님을 터득했다.

가을엔 자신을 반조하며 지그시 눈 감고 앉아 어깨 짓누르던 잎들을 내려놓는다. 숨 한 번에 우수수 지는 잎들은 그가 봄과 여름을 짐

져 온 삶의 무게다. 겨울 앞에서 이미 봄을 미리 보는 예지가, 그건 내려놓는 것이라 일렀을 걸 나도 알아 간다. 갑자기 뼈대만 남기며 화려했던 한 시절을 접을 때 봄은 이미 오고 있으리.

겨울엔 자신의 강직함을 시험하려 듯 침묵 속으로 갇혀 버린다. 자신을 닫아 이격離隔된다. 관계를 일탈해 아랑곳 않으니 허허롭다. 혹한도, 음울하게 내려앉은 하늘도 상관 않고 철저히 유폐된다. 눈이 허옇게 덮인 겨울이라 순일한가 할 뿐 그게 침묵을 깰 만큼 위협적이지 않은 건 하늘이 아는 일이다. 겨울을 그렇게 난다.

4월은 변덕에 혼란스럽다. 비 며칠 추적이더니 오늘은 바람이 매섭다. 연둣빛 새잎들이 바람에 찢겨 허공에 나부낀다. 내 눈엔 가녀린데 녀석은 아무렇지 않은 양하다. 봄의 감흥을 주체하지 못하는가. 바람에 몸을 던진 채 너울너울 춤을 추고 있다. 실존의, 어쩔 수 없는 몸의 언어, 그의 연희다. 엊그제 기온이 20도라던가. 여름을 느꼈을 것이다.

(2019)

초로草露

'인생은 초로'란 말을 아잇적 들은 기억이 난다. 동네 한 어른이 무슨 말 끝에 해 놓고는 한숨이 뒤따랐다. 거푸 내쉰 한숨이었다. 숨이 꺼지기라도 할 듯 긴 한숨이었다. 뜻을 해득하진 못했지만 말의 뒤가 쓸쓸하게 느껴졌다. '초로, 초로' 입안에서 몇 번 오물거리다 삼켜 버렸지만 뭔가 받지 않는 음식처럼 느글거렸다.

얼마 뒤, 몇 학년 전과지도서였던가. 낱말의 뜻을 제대로 알게 됐다. '풀에 맺힌 이슬', 풀 초 이슬 로, 그럴싸하다. 그 뜻이 머릿속으로 확 꽂혔다. 아, 풀잎에 맺힌 이슬이 햇살에 금세 사라진다는 뜻이로구나. 첫소리 'ㅊ'만 거셀 뿐 모음, 'ㄹ', 모음으로 이어져 발음이 부드럽고 밝고 맑다는 느낌이 들었다. 몇 번 소리 내어 읽다 보니 지니고 있는 뜻보다 입에서 나오는 소리에 더 끌렸던 것 같다. 어릴 때다. 소리에 뜻이 묻혀 버려 더 이상 감정이 꿈틀거리거나 하지 않았을지 모른다.

나이 들면서 이 말이 심심찮게 의식 속을 들락거리는 게 아닌가. 그것은 인생을 비유한 '풀에 맺힌 이슬'의 실체에 대한 사유의 단초가 됐다. 그 이슬이란 게 한순간의 존재인가. 아침 해가 떠올라 풀잎을 비추면 이내 자취를 감추고 마는 것, 이슬이 햇살 속에 머물 수 있는 시간은 찰나. 그렇게 가뭇없이 잦아드는 이슬이 있어 아침햇살이 그토록 유난하게도 찬연한가.

아득한 옛 선인의 수사적 비유에 감탄한다. 인생은 초로라 하면 은유, 인생은 초로 같다고 하면 직유다. 둘 사이에 정서적 거리는 없는 듯 분명 있다. '초로다'는 인생에 밀착돼 등식을 구성하는 데 비해, '초로 같다'는 인생과 비슷하다는 것이니 둘 사이에 틈새가 생긴다. 그러고 보니 꽤 섬세한 표현이다. 애초 두 말의 조립에 어지간히 신경이 쓰였을 것이란 느낌이 든다.

덧없다, 허무하다는 말이다. 산다고 아등바등 허덕거리다 보니 어느새 한 생이 뉘엿뉘엿 지는 해로 서편 마루에 기울었지 않은가. 노을을 바라보며 인생은 초로라는 말을 실감하게 된다. 한국인은 트로트를 잘해 다들 가수라지만 감정 표현에도 탁월한 재능을 가졌다. 지식이 짧아 외국어의 묘사에 어둡지만, 아마 '인생은 초로' 같은 표현은 없을지도 모른다. 인생과 사물의 성정을 융합한 이런 사실적 표현.

12월이다. 그리고 2일. 달력 마지막 장을 넘기자 그새 또 이틀이 지났다. 참 빠른 게 세월이다. 한숨 쉴 겨를도 없이 획획 바람의 등을 타고 지나는 시간의 흐름 앞에 무얼 만지작거리던 손을 내려놓았다. 퍼뜩 '쏜 살 같다'는 말이 스쳐 지난다. 이 또한 기가 막히게 적절한 수사다. 빨리 흘러가는 시간의 속성을 이 이상 역동적으로 나타낼 수 있으랴.

연상 속으로 희한한 말의 조합이 탄생했다. '쏜 살 같으니 인생은 초로', 결국 이렇게 연합되는 두 말이었구나. 여기 덧붙일 수식은 찾지 못하겠다. 세월이 쏜 살같이 흐르니 인생은 초로일 수밖에 없으니….

이 한 달이 지나면 다시 해가 바뀌고 책상 앞으로 2020 경자년 새 달력이 걸린다. 정초에 한때 흰쥐 띠의 해라며 달뜨다 이내 가라앉게 될 테고, 계절은 늘 그 행보로 가던 길을 내달릴 것이다. 쏜 살같이. 그러고 다시 맞는 세밑 한 해의 벼랑 끝에서 인생은 초로라 뇌까리고 있으리라.

정신 번쩍 든다. 눈앞을 지나는 시간의 쏜 살에 눈을 고정시켜야겠다. 풀에 맺힌 이슬은 사라지지만 아침마다 다시 맺힌다.

(2019)

소국 숲

십일월 하늘 아래 새치름히 눈 내리 깔았다.

소국 빛, 금이면 저리 샛노랄까. 개나리, 산수유. 머위, 유채꽃도 노랗고, 유년의 마당에 놀던 토종병아리도 노랗지만 저것에 미치지 못한다. 눈부시다는 말은 무책임하고 무성의하다.

아직 순금이라 해도 저런 노랑을 본 적이 없다. 한글이 적어 내는 노란빛 형용사-'노랗다'와 그 큰말 '누렇다'만 원색을 그린 것이라 수긍할 뿐, 다른 일체의 형용에 고개를 내젓는다.

노르끄레하다, 노르스름하다, 누르퉁퉁하다, 노르무레하다, 노르스레하다, 누르께하다…, 이들은 '노랗다' 근처를 주억거리는 유사한 빛깔일 뿐 노랑의 원색, 그 알짜가 아니다. 비슷이 노란 것, 칙칙하게 노란 것, 곱지도 짙지도 않게 노란 것들을 어슷비슷한 빛깔의 표정으로 말할 따름이다.

하지만 그 말들, 빛깔의 나열이 섬세하다. 노랑 본디 색을 흠낼세라 잔뜩 긴장한 빛깔들을 앞에 놓고 얼마나 숨죽였을까. 한글은 단지 설명에 탁월한 표기 수단이 아니다. 무엇이든 이끌어 안으로 품는다. 그리고 흔들어 깨워 눈을 띄운다. 그려 놓고 그 위에 색을 올려 묘사한다. 실체를 그대로 옮기는 사실파의 귀재다.

가을 들어 마당가에 소국이 만개했다. 지난여름 폭염이며 첫가을 무서리를 견뎌내 아연케 한다. 계절의 굴곡에 참 무던한 녀석이다. 그만 하니 오죽 곱고 향기 짙은가. 사람을 마당가로 불러 세웠다 주저앉힌다. 이 가을 끝머리에 저런 빛, 저런 향이라니. 그냥 되지 않는다. 가장 자신을 사랑할 때 나오는 자기애自己愛의 현현顯現이 자못 놀랍다.

수국 숲이 모도록하다. 먼 데는 첫눈이 내렸다는데 아랑곳 않는다. 찬바람이 꽃에 와 얌전해지더니, 여린 볕이 싸고돌아 따습다. 무얼 탐하랴. 소국 한 무더기, 이 가을에 이만한 꽃 숲이면 된다.

다가갔다 거적도 안 깐 맨 바닥에 앉고 말았다. 저녁을 기다려, 저것에 내린 놀빛도 보리라. 밤으로 가는 시간이 평온하겠다.

(2018)

검은 비

십이월 중순에 비가 내린다. 대설 지나고 나흘 만에 내리는 비다. 겨울에 내리는 비라 검은 비다. 흰 눈이 내려야 할 때, 흰 눈이 내려야 할 자리로 검은 비가 내린다. 밤부터 내리기 시해 새벽을 지나 아침으로 이어진다. 바람 한 점 불지 않고 검은 비만 내린다. 하늘이 작정이라도 한 것인가. 줄줄 소리 내며 기세 좋게 내린다.

하늘이 검고 허공이 거멓다. 검은 비에 흠뻑 젖은 나무며 풀이며 꽃이며 돌들이 모두 새카매졌다. 검정은 잘 번져 파급력이 강하다. 검은 비를 맞으니 검을 수밖에 없다. 검은색은 무채색이다. 짙게 물들어도 단조하다. 윤택하게 초록을 올렸던 빛을 거멓게 덮씌워 버렸다. 단일한 색은 멋쩍어 이내 싫증이 난다.

꿈틀하던 감정이 문을 닫고 게으른 잠에 떨어지려 한다. 집 앞의 보안등만 게슴츠레 졸린 눈을 비비며 고단한 시간, 낯을 찌푸리고 있다. 밤새 빗속에 한잠도 자지 못했을 것이다.

뭘 좀 쓴다고 책상머리에 앉은 지 꽤 시간이 지났지만, 내 앞으로 몇 마장 사이 안개 층이 흐르는가. 머릿속이 가마득하다. 그래도 써야 한다는 의무감이 만만치 않게 의식 주위를 맴돌며 강제하려 돈다. 밖에 나가 마당을 거닐거나 옥상에 올라 바다를 바라보면 머릿속에 무엇이 반짝일 것 같은데, 빗소리에 엄두를 내지 못한다. 짜장 헤살 놓는 것은 비일까. 아닐 것이다.

나날이 내게서 달아나는 오브제, 아둔해 가는 글눈, 슬그머니 숨어 버리는 정든 어휘들, 잘 안 보이고 잘 안 들리는 눈과 귀가 곤혹스러운 순간순간들. 그렇다고 철딱서니 없이 받아 앉은 책상머리를 밀어낼 수는 없다. 아직 없던 일이다. 빼도 박도 못한 채 멈칫거린다. 쓰자, 그만 두자 사이를 헤매는 속절없는 경계인.

이게 검은 비 탓이랴. 심신이 무너져 임계에 이른다는 신호인 것을. 하지만 갈 때까지, 갈 수 있는 데까지 가자했으니 가야 하는 것이 맞다. 검은 비 내리는 바람에 잠시 감상에 젖은 것이라 다독인다.

동창을 활짝 열고 차가운 아침 기운을 안으로 한껏 들인다. 검은 비를 맞아 바깥 공기가 와락 밀려든다. 공격적이다. 차갑다. 방이 깨어나며 정신이 번쩍 든다. 창을 연 채 놓아두리라.

이대로 꾸역꾸역 몇 줄 써 보려 한다. 우리 어머니 살아생전, 비 오는 날 집에 들어 땀땀이 내 옷을 뜨던 모습이 떠오른다. 무명천 오려내 큰 바늘로 떠가던 당신의 바쁜 손놀림. 간간이 머리카락에 바늘 끝을 세우며 한 땀 한 땀 떴지. 나도 그렇게 뜨려 한다. 한 낱말 한 낱말.

(2018)

낙엽의 의미

섬의 겨울은 바람이 주관한다. 바람이 고초당초보다 맵다. 어제 낮께는 여린 햇볕에 등 따습더니, 저물녘이 되자 산그늘 앞세워 떼거리로 바람이 몰려왔다. 쒜엥 쒜엥~. 어느 공장지대 골목을 휩쓸고 지나던 금속성을 내지르며 오는 이슥한 겨울밤의 바람은 몰풍스럽다. 밤새 그렇게 대지 위를 장악해 치대며 불었을 것이다.

새벽 세 시, 습관적으로 동창을 열어젖뜨린다. 창 앞 테라스에 진치고 있던 하늬가 순식간에 방 안으로 빨려든다. 차갑다. 얼음 위에 앉은 것처럼 차가운 기운이 방을 점령해 버린다. 밤새 데워진 공기가 맥없이 밖으로 끌려 나가자 들어온 냉기에 정신이 번쩍 든다.

어둑새벽, 냉랭한 마당가에 낙엽수들이 휘청거리고 있다. 휘적휘적. 금세 중심을 놓아 버릴 것 같은 어둠 속에 희끄무레한 윤곽으로 서 있는 실루엣. 지지대 없이도 남쪽으로 기운 몸을 다시 제자리로 놓느라 기를 쓴다. 이내 기울면 다시 기를 쓰고 일어난다. 쉴 새 없이 고투하는 모습이 전투적이다.

잎을 내려놓은 지 오래다. 발가벗어 너덜거리던 남루 한 가지 걸치지 않았다. 저러고 어떻게 견뎌내는가. 사람은 추위 속에 저렇게 서 있지 못한다. 밤샘커녕 한 시간도 서 있지 못한다.

낙엽수, 흉리에 품은 무슨 말 한마디 할 것 같은데 입을 떼지 않는다. 이 새벽, 저를 바라보는 내게 시종 입 다문 채 묵언으로 일관하고 있다. 다 버리고서 마침내 이르게 되는 처절한 삶의 궁극, 그 의미다. 나무는 한 시절을 낙엽으로 완성하는가. 응원하고 싶고, 위안이 되고 싶지만 새삼 무슨 말을 하랴. 어둠 속에 꼿꼿이 서 있는 나무를 응시할 뿐 진즉 할 말이 없다.

눈길을 거둬 나를 돌아본다. 한 그루 노목처럼 야위며 날로 소진해 가는 몰골이다. 하지만 흔들리되 끝까지 쓰러지지는 않을 것이다. 돌멩이 하나에도 채어 넘어지기 일쑤이나 안간힘으로 일으켜 세운다.

추운 날, 빈자리가 없는 만원버스에 올랐더니 50줄로 보이는 여인이 선뜻 일어나며 "앉으세요." 한다. 힘주어 말했다. "아닙니다. 그냥 괜찮아요." 깜빡 인사에 빠뜨린 게 있어 엷게 웃으며 잇댔다. "고맙군요."

나는 아직 잎을 내려놓은 적이 없었다. 단 한 번도 없었다.

(2020)

7월의 정원에서

아침 햇살이 내리면 촘촘한 가지에 걸려 수만의 이파리로 파닥거리며 내 상념이 싱싱한 날빛으로 흩어집니다.

초록은 어질어질 어지럼증으로 푸르러 이만큼의 품으로 세상을 안으면 곧 이만한 품이 되고 이만한 말이 됩니다. 내 詩의 질료, 은유들입니다. 몸짓이 되고 마음이 되고 상상이 되고 꿈이 됩니다. 종내는 혼곤한 머리맡으로 내리는 내 詩입니다.

크고 작은 게 따로 없고 아이 어른 다르지 않고 부자도 빈자도 밀려나 차별이 지워진 이곳은 오직 초록 일색으로 순일한 경계입니다.

돌고 돌아 여기, 당도한 시간 속에 내가 있습니다.

첨벙, 빠져들어 아이가 되는 이 놀라운 귀환에, 잃었던 꿈 한 조각 주워 모아 낙망하던 날의 해묵은 기억을 깁습니다.

설령 그게 남루일지언정 땀땀이 어머니의 손길로 수선합니다.

세공의 손자국 뒤로 꺼져 가던 질화로의 불씨 하나 살아나고 있습니다.

(2018)

낙엽수 읽기

낙엽수, 시절을 아는가.

낙엽수는 겨울에 잎이 떨어졌다 봄에 새잎이 돋아난다. 낙엽이 있는 나무다. 일정 기간 잎을 가지지 않는, 빈 가지의 계절이 있는 나무다. 발가벗었다 다시 잎을 내어 푸름을 되찾는 게 타고난 생리다. 신기하다. 상록수는 늘 푸른 나무라 계절이 없는 것에 견주어, 낙엽수는 계절에 예민한 나무다. 가을바람이 불어오면 가지를 덮고 있던 수많은 잎들이 떨어지기 시작한다. 겨울 앞에 설 채비다. 자극에 민감하다.

하지만 무턱대고 잎을 내려놓지 않는다. 낙엽수는 잎을 떨어뜨리기 위한 준비를 하는 나무다. 그 준비가 체계적이다. 찬바람이 나면 가지마다 이층離層이란 특수한 세포층이 형성돼 제 몸뚱이에서 잎을 모조리 떼어 낸다. 한 잎 두 잎, 너풀대며 춤추다 떨어져 수북이 쌓인다. 나무 아래, 본래의 자리를 찾아간다. 그게 낙엽이다.

특이한 나무도 있다. 떡갈나무는 가을 들어 말라죽은 잎을 가지에 매단 채 겨울을 난다. 별난 나무다. 시든 잎이 가지에 붙어 있으니 낙엽이 아닌 고엽枯葉이다. 바람 센 날 가까이 다가서면 잎들이 부대끼며 비벼대는 소리가 귓전에 묘한 음향으로 온다. 바스락바스락 촉촉한 물기라고는 느껴지지 않는 비쩍 마른 소리다. 울림이 없다. 어미 등에 달라붙어 칭얼대는 갓 돌 지난 아기 울음이다. 애틋하다. 하지만 청승맞고 안쓰럽다. 아기의 울음은 어미가 젖을 물리면 멎지만, 마른 나뭇잎의 마른 소리는 겨우내 그치지 않는다.

나무는 갈 길을 모를 만큼 앎이 얕지 않다. 모른다면 이치에 닿지 않다. 한철 짙푸르게 몫을 다하고 나면 앞으로 길이 놓인다. 그걸 나무는 잘 안다. 그것은 누구에 의해 학습되는 것이 아닌, 절로 알게 돼 있는 생득적인 것이다. 천지만물 가운데 어느 것 하나 한곳에 영속적으로 남아 있는 것은 없다. 영혼은 떠돌되 육체는 소멸한다. 떡갈나무에게 다가가 그가 알아들을 기호로 딱 한마디 건네고 싶다. "나무야, 이제 그만 내려놓아라."

한통속이 있었다. 12월의 뒤란에 단풍나무가 모질이 잎을 달고 섰다. 가을의 절정에 붉게 달아오른 낯빛이 곱긴 하나, 희부연 겨울 하늘 아래선 을씨년스럽다. 이제 그걸 달고 있을 때가 아니다. 스스로 내려놓기 어려울 양이면 그새 몇 차례 몰아친 비바람이 있었다. 이제라도 늦지 않다. 기승부리며 불어 닥칠 하늬에게 맡겨라. 타자의 손을 빌려서라도 계절을 정리함에 명확하면 좋다. 깔끔하다. 생이란 피고 지고, 그렇게 번갈아 흐르는 순환구조다. 자연처럼 완벽한 질서 속에 계절 따라 성장하는 자유, 품고 있는 질서는 그래서 편하고 아름다운 것이 아니냐. 이탈은 혼란스럽다.

동창 매실나무가 적나라하다. 계절 앞에 더 강렬해진 것 같다. 누더기 하나 걸치지 않고 바람 앞에 선 저 담대한 맵시. 사반세기를 지켜봤으니 신뢰하거니, 미덥다. 저러고 혹한 속으로 들어서리라. 그리고 고난의 겨울을 버티며 눈발 속에 꽃을 피운다. 자신과의 약속인, 두근거리며 세상에 봄을 알리는 첫 개화. 불현듯 스멀스멀 창틈으로 스며든 암향에 잠 오지 않아 뒤척이던 지난 2월 밤의 일이 생각나 진하게 눈을 맞춘다. 머잖아 동박새 한 쌍 뽀얀 길 건너와 빈 가지 새로 오르내릴 것이라, 벌써부터 눈을 밝히고 있다.

잎 다 지고 감만 닥지닥지 달린 단감나무, 그대로 그림이다. 첫겨울의 실경實景이다. 나무 아래 서서 고개 젖히고 바라본 하늘이 유난히도 벽공인 이 겨울 한낮의 고요. 새 한 마리 오지 않아 쓸쓸하겠다. 따다 남겨 까치밥인데, 따지 않고 그냥 두니 저들도 눈치 보여 오지 않는가. 요즘 까치가 몸통이 피둥피둥 살찐 것을 보면 시대가 풍요하다. 지나는 길에 마당 주위를 두어 바퀴 파닥이다 가 버린다. 속살까지 벌겋게 익은 감은 안중에도 없다. 흔한 직박구리도, 떼 지어 오던 참새도 보이지 않는다.

벤치가 아니어도 좋다. 마당가 큰 돌에 걸터앉는다. 여린 햇볕이 다사롭다. 그 속으로 낙엽수들이 줄 섰다. 단풍나무, 감나무, 개나리, 팽나무, 모과나무, 이팝나무, 앵두나무, 오가피나무, 무화과나무…. 어느 하나 초췌하거나 불안해 보이지 않는다. 늘 하던 대로 그렇게 겨울 앞에 서 있다. 다 벗은 모습들이 천연덕스럽다. 저것들, 공연히 잎을 내려놓는 것이 아니다. 낙엽수에게는 계절이 있다.

덧옷을 껴입은 내가 계면쩍다. 옷깃을 여민다.

(2018)

정원의 돌을 품다

1_

눈이 재단했다. 돌과 나무의 교집합이 미적 가공으로 흐르는 공간, 우리 정원은 예술이다. 돌을 놓은 뒤, 나무를 심은 것 말고 별스레 한 건 없다. 거기까지 인위이고 이후는 자연이다. 넓지 않은 터수에 햇빛과 비와 바람과 이슬이 협동해 나섰을 것을 나는 안다. 나무들이 높이와 몸집을 키워 수직·수평으로 허공을 장악해 충만하지만 핵심엔 돌이 있었다. 정원엔 큰 돌들이 많다. 거목으로 자란 나무들, 몸을 기대는 빼대가 돌이다.

큰 돌을 먼저 배치한 뒤 그 사이에 키 큰 나무를 심고, 틈서리에 키 작은 나무를 심은 것은 구성의 묘로 뜻밖에 잘된 기획이다. 돌과 나무, 그들의 융합이 색다른 미를 산출하는 걸 처음 경험했다. 짜릿한 첫 경험이다. 돌이 계절 속으로 묵직이 무게를 잡더니 나무와 돌이 함께 성장했다. 각자 따로 가지 않아 정원이란 틀 속에 하나의 구도로 진화했다. 나이 들어 정원의 돌에서 터득한 묘리妙理다.

돌은 나무에게 헌신한다. 바람에 휘청거리다 고단하거든 몸을 기대라 이르고, 왜 할 말인들 없겠느냐, 거리끼지 말고 할 말은 해라 다독인다. 한여름 폭염 속에 땀을 줄줄 흘리다 털어내도 눈 한 번 흘기지 않고, 새의 맑은 노래를 저만 듣는다고 힐난하지 않는다. 잠들지 않고 늘 깨어 있다. 깊은 밤, 가지 새로 스민 한 가닥 달빛에도 흐뭇해 잦아들던 몸속에 뜨거운 피 도는 돌.

2_

크고 작은 돌들이 마주했거나 돌아앉았다. 하나로 시원의 과거에서 발원해 미래를 꿈꾸려 의기투합했거나 조금씩 다른 궁리에 골똘할 것이다. 침묵한다. 시간의 무게를 견뎌내는 데 말이 하등 필요하지 않은 것을 알아 시종 입 꾹 다물어 함구한다. 묵언 수행 뒤, 까마득한 겁劫의 동안을 선정에 들어 종당에 몸에 뱄다. 체질이다.

느지막이 태풍이 오는 길목에서 꿈틀한다. 몸을 뒤틀며 고래고래 소리 지른다. 뇌성에도 꿈쩍 않더니, 이 웬 불호령인가. 격동의 움직임이다. 요동치는 나무에게 던지는 강렬한 화두다. 그것은 듣도 보도 못하던 아주 둔중한 언어, 무표정한 연희演戲다. 하지만 찰나의 눈 맞춤일 뿐, 오래 연민하지 않고 눈을 뗀다. 돌은 본래 붙이가 냉혈이다. 타자에 무심해 오불관언吾不關焉한다. 하지만 몸에 흐르는 피가 따뜻해 비정한 것엔 눈을 돌리지 못한다. 지금, 제 몸 불살라 군불을 지피고 있다. 그러해 언 손 녹일 체온을 가지되, 온정주의는 아니다.

돌은 나무를 품는다. 표정 없는 무뚝뚝한 낯의 언저리 갈라진 틈새에 풀을 키운다. 빗속에 피어나는 작은 들꽃은 돌이 이뤄 낸 역작이다. 돌 위로 내려앉은 햇살은 유정 · 무정의 것들이 한통속일 때

벌어지는 자연의 작은 축제다. 돌과 풀과 햇빛의 뒤섞임, 그것이 빚어 놓은 또 한 질서다. 범위 안에 들어온 것들이 한껏 들떠 있어도 돌은 침묵의 기제로 일관할 뿐. 천성이다.

3_

돌은 변신한다. 전생의 연이라 그런가. 상상 못한 것일 테다. 어떤 손이 제주 현무암을 뭉툭 잘라 놓고 반들반들 연마해 탁자가 되고 의자가 됐다. 위에다 사철 푸른 넝쿨을 지붕으로 올렸다. 돌에서 변형한 한 구조물이 한여름 그늘이 됐다. 폭염이 대지에 불을 지를 때면 더욱 그늘이 깊다. 죽치고 앉아 사념에 잠기는 내 창작의 공간이다. 사람이 오면 몇이 마주 앉아 이어 가는 따뜻한 대화의 자리. 돌의 이런 배려는 자그마치 인연으로 이어지고 있다.

별 좋은 날, 슬며시 눈을 감았더니 드르렁 드르렁 돌 구르는 소리가 난다. 콩을 갈아 날두부를 빚던 맷돌이 옆에 자리를 틀었다 구성지게 한 가락 뽑는다. 노동요에서 물큰 땀내가 풍기더니 금세 한이 서린다. "설룬 어멍 날 설어올 적/ 어느 바당 메역국 먹곡/ ᄇᆞ름 불 적 절 일 적마다/ 궁글리멍 못 사는구나."

제주 여인들에게 섬은 운명이다. 고난의 연속인 삶의 연원을 태중胎中에서 헤아리며 한숨을 토해 낸다. 어차피 살아야 할 것이면, 고난을 정면으로 받아들여 굼튼튼한 의지로 야무지게 살리라 한다.

돌은 온몸에 희로애락을 두르고 있다. 울고 웃고 노래하고 꿈꾼다. 설한풍에 몸을 사리고 작열하는 태양에 진땀을 흘리기도 하는 돌은 그렇게 감성 여리다. 예인의 기질을 지녔다. 무표정 속의 표정에 가슴 설레고, 침묵 속의 언어는 더러 내 글 속으로 흐른다.

(2018)

돌의 자리

우린 삼다三多 중 석다石多입니다. 우릴 지목해 지천이라 말합니다. 그 수효란 건 허세라 천성에 탐탁지 않습니다. 소중한 건 근본을 벗어나지 않은 핵심이니까요.

태곳적 혼돈의 시절, 불 속에서 태어나 오랜 세월 닳고 깎이며 해와 달과 바람과 눈비 속을 견뎌 왔지요. 곡절이 적잖았습니다. 딴은 예사로운 일이 아닌, 자연한 존재 그대로 우린 이 섬의 서정이고 서사입니다.

시골길 발끝에 채는 돌멩이 하날 집어 손에 넣어 보세요. 뜻밖에 이 섬의 온기가 느껴질 텝니다. 찬바람 몰아친 설한의 길바닥에서도 우린 제주의 체온을 간직하니까요. 놀랄 것 없습니다. 먼 시간 속에 밴 근기인 걸요. 그렇게 겨울을 나는 우리에게 지속적 의식의 흐름 하나 있지요. 시간이 지나면 그만큼 봄이 앞당겨질 거란 섭리에 대한 굳은 신뢰입니다.

우린 유난히도 봄에 애착합니다. 얼마를 기다려야 오는 계절인지요. 겨울은 오직 봄을 맞으려는 기다림의 시간 아닌가요. 기어이 봄을 맞이해 환희에 들뜬 사람들은 그 앞에 '새'란 수식을 얹습니다. '새봄'이라고. 새여름, 새가을, 새겨울이 우리말에 없는 이유입니다.

장구한 시간을 두고 우린 여러 태깔로 변용變容합니다. 언제는 한 작가가 우리 앞에서 지그시 눈 감고 깊은 사념에 잠겼습니다. 그의 생가 벽을 쌓았던 붙이들이 어느 날 허물려 밭담이 돼 있었지요. 주인이 바뀌고 집터가 경작지로 지목이 변경되니 우리 처지가 변한 거였습니다. 주인이던 그는 추억의 회로를 돌아 나오며 긴 한숨을 토해 내더군요. 치장하거나 포장한 게 아닌, 밭담으로 변신한 우릴 몇 번인가 어루만졌습니다. 애정 어린 손길이었어요. 문득 기억이 되살아났습니다. 아이에서 약관에 이르는 동안 그가 자라던 그때의 몸짓, 눈빛, 표정 그리고 기뻐 웃고 슬퍼 눈물짓던 소소한 일들의 파노라마….

돌아선 그는 어릴 적 오가던 긴 골목을 빠져나가며 경계로 앉은 그때의 우리들 위로 수없이 손을 얹더군요. 그가 여기 머물렀을 예순 해 전 서사는 이후, 소설보다 탄탄한 결구結構로 엮였을 것을 충분히 상상할 수 있었어요. 돌아선 뒷모습에 눈을 떼지 못했습니다. 서사의 바닥을 소리 없이 흐르는 회상의 서정이 애틋해 숨죽였지요. 적막하더군요.

친화력이나 숨은 매력이 있는 건지, 제주사람들은 끔찍이도 우릴 사랑합니다. 우리 붙일 찾아 산야를 누비거나 바닷가를 헤맵니다. 오묘한 미감을 발견해 탄성을 내지르는 수석가들, 그들이 우릴 보는 정 어린 눈길은 참 우애롭습니다. 손에 넣어 구석구석 훑으며 앉히고 세우고 뉘고…. 때로는 귀 대어 영혼의 소리까지 훔칩니다. 운 좋게 우리 중 하나가 예술로 승화되는 행운의 순간입니다. 그들은 특별한 눈과 귀의 소유자들이에요. 간택의 행운은 곧바로 편안한 좌대에 봉안돼 내실 깊숙이 자리를 틀게 된다니까요. 신수 역전입니다. 운명이란 말이 나왔을 법하군요. 누리는 호사의 절정일 텝니다.

제주의 밭담은 우릴 결집한 거대 군락입니다. 애초 한 덩이 한 덩이 가슴으로 안아 쌓던 순간순간의 힘겨운 노고를 생생히 기억해요. 버거워 숨차면 하늘을 우러르거나 먼 산에 눈을 보내더군요. 남정네의 힘줄 선 팔뚝만 아니라, 가녀린 아낙네도 품에 안아다 얹었었습니다. 무너지면 쌓고 허물어지면 올려놓던 피눈물 나는 역사役事, 그게 제주의 돌담이지요. 흑룡만리라 계량화하는데, 거기다 한 켜 더해, 내면에 고인 땀과 풍상에 부대껴 온 인내의 뚝심을 짚어 봐야 합니다. 꿈틀거리는 기하학적 도형의 생동감, 그대로 자연 속의 장엄한 설치예술입니다. 밭담은 지금도 멈춘 듯 흐릅니다. 그 흐름이 굽이쳐 유장하니 눈을 떼지 못하는 것이지요.

우릴 혹독히 사랑한 비구니 한 분이 있어요. 절 답사 길에 오라동 월정사에 들른 적이 있습니다. 산문 뜰 안에 수많은 붙이들이 우줄거리며 서 있더군요. 그들을 스님이 산중에 들어 손수 찾아냈다 하데요. "겉만 봐도 땅속에 어떤 맵시를 숨겼는지 보입니다." 스님은 영적인 눈을 가진 분이었어요. 한번은 밖으로 이 얘기가 흘러나가 자연 훼손으로 변을 당할 뻔했다나요. 사유私有 아닌, 절집 조경으로 불자들이 공유하는 것이라 가까스로 화는 면했다며 웃는 스님의 웃음이 티 없이 완미했어요. 비구니도 짝사랑을 하나 봅니다.

우린 뒤척이다 한 작가의 정원에 정착했습니다. 한 생의 마지막

자리입니다. 야산에 잠든 우릴 장비로 실어다 놓더군요. 바윗돌 크기에서 자갈 만한 붙이들이 모여 오순도순 한 울안에 큰 군락을 이뤘습니다. 얼마 전엔 동글동글한 붙이 모오리돌을 들여 둘레에 깔아 놓았어요. 이들까지 셈에 넣으면 다 헤지 못할 지경입니다.

주인은 크고 작고 높고 낮은 것에 눈 맞추다 누이고 세우고 앉혀 놓더군요. 맞물린 틈에는 키 작은 관목을 심어 조경의 묘리를 돋워 냈습니다. 망치로 깨고 쫀 것이 아닌 그대로 자연입니다. 완성된 작은 정원이 마치 야산 한 자락을 잘라 낸 것 같아 천연덕스럽습니다. 당초의 구상이었다는군요.

집에 갇혔지만 나무와 풀과 꽃이 한데 어우러집니다. 성정에 맞는 주인이에요. 그가 한 생을 여기서 마무리할 거라니, 우리도 삶을 의탁하려 합니다. 붙이에게 기울이는 애정이 각별합니다. 요즘 들어 내 몸에 회회청 돌이끼로 문양을 그리는 중입니다. 정情을 새기려고요.

(2019)

오월을 닮았다

계절의 여왕, 오월은 봄의 끄트머리, 현란한 그 결말이다.

밀물을 가득 채워 놓은 시골 바다의 포구처럼 충만한 달, 오월이다.

봄을 접으려는 길목으로 햇살이 다사롭고 이마를 스치는 바람도 순하다.

백 가지 꽃들이 선후를 다퉈 피니 온 세상이 꽃 사태다.

무덕무덕 꽃으로 덮여, 눈앞으로 바삭 다가온 별천지, 꽃으로 눈이 시리다.

저 꽃들, 저마다 소소한 사연 하나씩 품고 있으리.

어느 것은 정인情人에게 숨어 피어 기별 전하려, 어느 것은 순전히 미의 탐미적 발산으로, 혹은 쾌락의 절정을 휘청대다 채색하고 세공했을 것이려니….

먼저 떠나간 임의 영혼에 다가앉아 속삭이려 소복단장해 처연한 모습이기라도 한가, 외진 데 핀 희디흰 저 꽃.

에메랄드빛 무게에 하늘이 낮게 내려앉았다.

흐르는 구름도 버들개지처럼 보송보송 보드레할 것인데, 치장해 지향도 없이 어디로 흐르는가.

저런 유장한 흐름의 몸짓은 어디에서 비롯하는지, 잔뜩 찌푸렸다

가도 오월이 오면 지향 없는 걸음, 어디로 흐르나. 조촘조촘 임이 온다 한 오월의 길목으로 나섬인가.

오월에게 묻는다.

흐르는 구름의 저 율동은 어디서 발원한 것으로, 무슨 의미인지.

잔뜩 뒤덮였다 가슴 열어놓고 유랑으로 흐르나니….

'오월은 푸르구나, 우리들은 자란다.'

오월을 머금은 앳된 목청들 뒤로 키득키득 물 오른 웃음소리, 발돋움하며 하늘 우러르는 아이들 눈에 오월이 호수처럼 잔잔히 고였다.

바다가 기지개를 켠다.

연잇는 물결에 둘둘 말리며 긴 여로에 올라타 쉴 새 없이 촐랑거리는 바다.

스치는 해연풍이 바다 위 햇살 아래 자잘한 문양을 아로새긴다.

바다의 저 섬세한 동요, 풀었다 당겼다, 그냥 그대로 균형과 절제다.

물의 흔들림은 그대로 자발적 리듬이다.

저걸 모방해 시詩다.

푸드덕, 새 한 마리 뜬다.

오월을 차오르는 바람에 순간, 지축이 휘청한다.

무한 허공의 끝, 구만리장공을 날리라.

그리곤 이내 하강한다.

날았던 바로 그 지점으로 연착륙하는 오월의 새.

모든 살아있는 것들은 오월이면 시나브로 허물을 벗는다.

정원의 나무며 길섶의 들풀, 어느새 색의 반란을 일으켰다.

여름으로 가는 오월의 빛깔이 경이롭다.

연둣빛에서 번진 진초록은 일탈, 해체 뒤 심화다.

뼛속도 초록이라더니, 더 짙고 깊고 싱그럽다, 더 오묘하고 충일하고 서늘하다.

한여름 땡볕 아래 그들 그늘이 선선하려니, 거기 부들거적 한자리 펴놓고 책장 넘기고 글 몇 줄 쓰면 좋겠다.

펄펄 끓는 폭염에서 비켜나면 그대로 여름 속 내 영역이거늘 나, 꼭 그러하리라. 영역본능으로 그러리라 언약하니, 미세먼지 나쁨에도 오월엔 신바람이 난다.

작은 숲속에 갇히면 스멀스멀 스미는 오월의 향긋함, 향기에 절면 들숨 날숨 숨결조차 푸르다, 숨이 푸르니 마음도 꿈도 푸르다.

버스를 탔는데, 한 젊은 아기엄마가 오르고 있다.

한 살배기 딸을 처네로 둘러업었는데, 한 손이 세 살배기 아들을 끌고, 다른 한 손엔 까만 비닐봉지를 들었다.

아기 엄마 힘겨워 보이는데, 두 아이 눈망울에 오월이 빠져 허우적거린다.

별처럼 반짝이는 눈망울들, 오월의 풀잎 끝 아침 이슬이다, 연사흘 내린 봄비 뒤 영롱한 결로結露다.

자리를 양보하려는데 앞에서 한 여학생이 먼저 일어난다.

젊은 엄마의, 발그레 홍조 띤 두 볼에도 오월이 진득이 들앉아 있다.

세상이, 눈길 닿는 데마다 온통 오월이다, 다들 오월을 닮았다.

사철은 자연의 섭리이나, 철철이 그것들 모두 오월을 닮았으면 좋겠다.

(2019)

가을 낙서

하나_

넓지 않은 마당이지만 내 우주다. 우연만한 바람은 기웃거리다 울을 넘지 않고 지나친다. 백면서생이 웅크리고 앉았으니 봐 주는가. 공연히 건드려 성질내는 건 못 보겠단 심산일 테다. 어쩌다 넘었더라도 남쪽 울타리에 대어 앉힌 돌 탁자에 책 펴고 있는 주인장이 선량해 보일 것 아닌가. 툭툭 치며 장난치려다가도 멀리 묵직이 앉은 한라산에 눈이 갈 것이다. 차라리 천년 깊은 숲에 가 고단한 몸 쉬려 할 것이다. 태풍도 싱겁게 나무를 흔들다 지나는 곳, 오늘같이 여린 가을볕에 등 따스운 날 건들바람이 심술부릴 리 만무하다.

가을 속으로 다가앉는다. 어째 늙수그레해 뵌다. 가을이 그렇다는 말이다. 시월 중순 초입인데 십일월, 내겐 한 달쯤 가불해 온 것만 같다. 이런 젠장, 계절도 금융을 아는 세상인가. 가불이라니. 볼썽사나운 얘기를 하게 하네. 제발 자연만은 '돈 · 돈 · 돈' 하지 않았으면 좋은데. 어쩌다 잰걸음이라 실토하면 어디가 덧나나.

숨도 고르고 머리 위 드높은 하늘 우러러 노래 한 곡 흥얼대기도 하면서 고운 매무새를 뽐낼 일이지. 오는가 하더니 몇 마디 나누지도 못하고 떠나버리는 경황없음은 속 보이는 거잖아. 바로 뒤 점령

군의 거친 발걸음, 그렇게 들이닥칠 겨울이 두려운 걸. 춥고 음울한 건 지지리도 싫은데, 그 석 달을 견뎌내야 한다니 더럭 겁나 대책 없이 휘청거리는데….

설령 며칠밖에 남지 않았다 해도 가을은 좋은 계절이다. 짧아서 쫀득쫀득 곱씹으며 음미해야 할 풍미의 가을. 지금 저기를 보라. 단풍이 먼 산에 불을 질렀다. 능선 따라 불길이 흐르고 있잖으냐. 불은 불에 연해 굽이치며 번진다. 눈도 이글거린다. 벌겋게 달아오른 가을의 절정. 저 불길에 애타던 속을 마저 태우고 싶다. 침울하고 잡다한 기억들 한순간에 소진해 버리고 싶다. 그러고 남은 재 한 줌 산을 지나는 갈바람에 흩날리면 좋은데.

가을이 신발을 들메 나설 눈치다. 떠날 양이면, 떠나는 길목에 손 흔들어 작별해야 한다. 내년을 약속하자고. 기약은 없지만 일 년 뒤 꼭 재회하자고. 떠난 뒤에 우두커니 서 있을 것이다. 이별은 때로 환상이다. 우두둑 내게 오는 길은 험해도 기어이 오리라. 일 년 뒤, 오늘같이 볕 좋은 가을.

잊었다 만나는 설렘에 가을을 만나면 눈으로 말해야지. 우렁우렁하게 눈으로.

둘_

시월 열하루.

날씨가 흠 없이 좋다. 잠시 다녀온다던 소슬바람이 하루 이틀 묵고 있는가. 차갑지 않으니 붙들지도 몰라. 녀석이 안 오니 여린 볕에 안겨 천상에 든 것 같아. 그냥 눌러앉아 있으려니 괜히 청승맞다. 그런다고 엄벙덤벙 어딜 떠돌랴. 차비도 챙겨야하고 갈 곳도 잡아야지. 예전처럼 혈기만 믿고 무작정 떠날 수야 있나. 이젠 보헤미안이 아니잖아. 무게 잡아야지. 현실과 타협해야지. 구심을 향해 다가앉아 사유해야지.

가을을 쓰자 했는데 만만찮다. 나올 듯 안 나온다. 흔들어 깨워도 깨어나지 않는 이 웬 잠. 상념도 함께 나이를 먹는지 도대체 민감성이 처져 제로다. 감성이 발가벗고 나서던 게 엊그제 같은데, 요즈음은 헛 기척 소리 한 번 없으니 민망하다. 종주먹 들이대도 막무가내, 소리 질러 .잡도리해도 어림없다. 정원에 바윗돌을 많이 놓았다. 어느 날 한 가닥 바위에 스미더니 숫제 농아가 돼 버렸나. 고약도해라, 덜떨어지게 천년 함묵에 길들이어.

꼬투리를 집어내야 한다. 나무에 말을 걸어 볼까. 서른 해 쌓은 정리라 나를 들여다보고 있을지 몰라. 단도직입으로 묻는다. '나무야, 가을이 깊어 가는데 평안하냐.' 대답이 없다. 그러고 보니 숨이 잦고 숨결이 밭다. 새벽 무서리를 얻어 썼나. 가을은 쉽지 않으니 저도 힘들겠지. 제법 오래 살아왔으면서도 경험칙만 갖고 가을 속에 서기는 어려움이 적지 않을 것이야. 저것 봐, 가을은 즉물적이잖아. 눈앞으로 지는 잎들의 낙하 행렬. 이미 귓전으로 겨울이 오는 소리에 질렸는지도 모르지. 언제나 겨울 오는 소리는 금속성, 쟁쟁하잖아.

그래도 나무는 정겨운 눈빛이다. 알면서 뭘 그러느냐. 내게 큰 기대는 하지 마라. 바람 불면 바람 맞고 서리 내린 날엔 서리 폭삭 뒤

집어쓰는 거라고. 그렇게 사노라면 겨울 오고 겨울이 지나면 또 봄이 아니냐고. 순리가 있는데 역리는 무슨. 답을 듣기는 글렀다. 오랜만에 버트란트 러셀을 찾아야 하는 거 아냐 찾아야지. '나는 무엇이어야 하는가.' 그 답, 이왕이면 모범답안, 아니 정답.

정말 좋은 날씨다. 가을인지 봄인지 첫여름인지 헷갈린다. 나무에게 실망하진 말아야지. 대신 하늘을 우러르자. 그러고 보니 구름 한 점 없이 갠 하늘이네. 머릿속을 스치는 한 줄기 빛. 그래, 그래 저 하늘이 답이다. 구름을 걷어내느라 진땀께나 흘렸을 저 하늘이 답이다. 그 노역 뒤 땀 닦는 시원함. 그게 답이다. 영감이 내리기를 기다리던 건 30년대 순수시인들이었다. 이제 인위적으로 조합해내야 한다. 만들어야지. 뭐든 쓰자. 가을을 낙서해야지.

(2019)

허물다

고친다고 한다. 구조의 일부를 바꾸는 것, 부분적으로 부수고 새롭게 하는 행위다. 낡은 집을 고쳐 입주하려면 건물의 상당 부분을 허물고 다시 세워야 한다. 무작정 되는 일이 아니다. 공학적 역량이 있어야 하고 효율도 따져야 한다. 허무는 데도 기준이 있어야 함은 물론이다. 시도적인 선택이 들어 있을 때 고친다는 의도를 살릴 수 있다. 리모델링한다는 것은 낡은 것에 새 생명의 기를 불어 넣는 것, 식어 가는 것을 뜨겁게 달아오르도록 하는 것, 그것에 풀무질하는 것이다.

퍼뜩 토마스 만의 말이 떠오른다.

"나는 하얗고 매끄러운 종이와 부드러운 잉크와 잘 써지는 펜이 필요하다.

나는 어디에서나 작업을 할 수 있지만, 머리 위에 지붕이 있어야 한다. 탁 트인 하늘은 구속이 없는 꿈과 구상에 좋긴 하지만, 정확한 작업을 위해서는 천장의 보호가 필요하다."

천장이 허술하면, 뚫린 구멍으로 하늘이 내려앉는다. 하늘이라고 허투루 들일 것이 아니다. 햇빛은 좋지만 광풍과 폭우를 막지 못하면 집의 기능을 상실한 게 된다. 집은 꿈꾸는 보금자리이지 절망을 끌어안는 건축물이 아니다.

토마스 만은 천장의 필요를 말했다. 그는 정확한 사람이었다. 매일 아침 여덟 시에 일어나 아홉 시부터 글을 쓰기 시작했고, 정각 열두 시에 글쓰기를 마감했다. 이후의 산책과 점심식사, 낮잠, 저녁식사로 흐르는 일과를 시간 따라 진행했다. 같은 시각, 같은 장소, 같은 거리를 일정한 보폭으로 걸어가는 그를 바라보며 가까운 언덕에서 있던 노인이 있다면 멈춘 시계를 맞췄을지 모른다.

내겐 낡은 집을 수리했던 경험이 없다. 무얼 고친다는 데 전혀 익숙지 못하다. 내겐 고치며 흘린 땀이 고일 웅덩이가 없다. 어느 한때, 기와집을 사 들어가 거실 한 쪽에 응접실을 낸다고 몇 뼘 길이로 처마를 늘렸다 비가 새는 바람에 낭패 산 적이 있었다. 비만 왔다 하면 세숫대야를 물받이로 받아야만 했다. 큰비에 집 안으로 떨어지는 빗소리가 귀에 거슬렸다. 그건 처마 밑으로 지는 낙숫물 소리하고도 달랐다. 모처럼 이룬 내 집의 꿈이 온통 비에 젖는 느낌이었다. 그때, 누수를 막는 일의 난도를 체감했다.

그 후로 나는 손쉬워 보여도 무얼 고치는 일에 눈을 주지도, 뜻을 두지도 않았다. 작은 경험이 나를 일깨우는 지남이 된 것이다. 그것은 내 언어가 됐다. 음절이 단어로, 단어가 문장으로, 그러더니 문장은 내 사고의 틀이 되고 또 그것이 몸에 배어 습관이 됐다. 종국엔 뇌로 심장으로 자리를 틀었다. 뇌는 내 언행을 조율하고 심장은 내 안 곳곳에 피를 택배하면서 일상이 됐다.

그것은 질서였다. 질서는 규율이었고 나를 속박하는 지배구조였다. 태엽만 감아 주면 재깍재깍 돌아가는 시계처럼 멈추지 않고 나를 정직히 압도해 온 질서의 민낯. 나는 철저히 질서에 매여 살았다. 점점 그렇게 사는 것에서 야릇한 쾌감을 만끽하면서, 마침내 그것을 즐기게 됐다.

어느 날 나는 돌아앉아 있었다. 질서에 등을 돌린 것이다. 지킨다는 것에 회의를 느낀 나머지 나를 향해 외쳤다. '나는 자유인이다.'

낭만주의가 고전주의를 왜 배반했는지 알 것 같았다. 그것은 터득이고 반란이었다. 그렇다고 갑자기 날개 달아 훨훨 미지의 하늘을 날게끔 자유롭지 못하다. 그럴 감성과 상상과 추진력이 내겐 없다.

하지만 선언했다. 내 목소리는 단호했다. 이제부터 내 글쓰기는 해체의 시작점에 놓일 것이라고, 그리하여 종내 일탈할 것이라고, 어제를 밀어내고 오늘의 자락에 서서 다가올 미래를 데생할 것이라고, 적어도 그림의 원초는 연필로 데생하는 것이었다는 창작의 시원에 대한 신념의 확인이라고.

나는 상당히 예민해졌다. 별것 아닌 것에 고뇌하게 됐다. 아무렇지도 않은 것, 이를테면 바람의 기척에 놀라고 누구의 그림자에 흠칫했더니 달빛 아래 사유하는 격자창에 비친 실루엣에도 몸을 사렸다.

이제 눈 흐려 자칫 산의 능선을 벗어나고 돌멩이 하나에 걸려 널브러진다. 굼뜬 걸음이 휘청대고 심장의 박동이 몹시 불규칙하다. 혈압측정기가 머리맡에 있는데도 손이 가지 않은 지 오래다. 때론 맥박이 100회가 훨씬 넘어 헉헉대기도 한다. 분명 무슨 경고음을 들은 것 같다.

병원에 갔더니, 역시 의사는 만만치 않았다. 무턱대고 내 육신을 거창한 기계 속으로 밀어 넣어 샅샅이 스캔했을 뿐 소견은 미지근텁텁했다. 의학을 붙들려 하지만 내 몸을 아는 진정한 의사는 나 자신이라는 원론을 확인했다.

큰아들에게 컴퓨터를 맡겼다. 어느 날 화면에 윈도우7을 윈도우10으로 교체하지 않으면 일체 보호 받을 수 없다는 메시지가 떴지 않은가. 다른 건 모르지만 안에 저장된 글들이 어찌될라 바짝 쫄았다. 내장을 새로 깔아 놓으면 된단다. 사흘 동안, 컴퓨터가 없는 책상 풍경이 휑뎅그렁하다.

그 사이, 좀 쉬자 단단히 맹세해 놓고, 다시 백지에다 이 글을 쓰고 있다.

나는, 나를 허물지 못한다.

(2019)

4_ 나를 방목하고 싶은 날

거울 앞에서

거울을 보는 버릇이 있다. 로션을 두어 번 찍어 바르다가 나를 똑바로 정시한다.

허구한 날, 만만한 나를 거울은 받아들인다. 어느 한곳 차별하지도, 놓치지도 않는다. 두루 섭렵해 꾸역꾸역 재어 놓는 데 대소간 하지 않는 여실한 사실주의다. 웃고 있든, 시무룩하든, 서성이든, 우뚝 섰든, 바람에 휘청거리든 남김없이 투영하는 거울은 천성이 정직하고 근실한 녀석이다. 재현하거나 재탕 복사하는 게 아니라 자체로 원형이다. 존재의 재구성이 아닌, 존재의 적나라한 내 안의 풍경이다. 그걸 너머 은밀한 표정이고 대상의 좌와기거를 통람하는 예리한 관찰의 다른 눈이다.

보여주는 구상이면서 보이지 않는 추상이다. 꽃이나 나무, 새와 풀 그리고 하늘을 흐르는 구름도 붙들긴 하나 한계가 있다. 절정을 딛지 못해 주저앉고 만다. 그것들의 속을 드러내지 못한 채 팔부능선쯤에 몸을 사려 버린다는 의미다.

촉발한다. 거울 앞에서 눈을 돌리는 것은 보이지 않는 것을 보기 위한 마음이 작동해 오기 때문이다. 눈을 떼면서 그것은 때로 자신의 속을 들여다보게 되는 뜻밖의 자기응시로 이어지곤 한다. 수없이 반복되는 시도 뒤로 내가 나를 바라보게 되기를 고대하는 이 접근은, 나를 기쁘게 때론 우울하게 하면서 번쩍 의식을 깨어나게 하는 묘방妙方이다. 그런 족족 깨어나 앉으며 놀란다. 거울 속에서 웃음 짓고 있는 다른 내 얼굴엔, 주름이 골을 파고 골짝을 흐르는 시간의 노래가 닫혀 가는 귓전에 가물거린다. 기억의 회생 장치가 나름 싱그럽게 한다. 가슴 뛰는 순간이다.

서편이 불그레할 즈음, 거울 속에도 놀이 탄다. 이런 날은 내가 붉게 물들어 놀이다. 불타는 내 한 생의 강렬한 반조返照. 꼼짝 않고 거울 앞에 선 채 녀석이 끄집어 낸 생애의 파노라마를 하나씩 빠뜨리지 않고 점호하듯 줄 세워 뒤적인다.

거울 앞에서, 그 앞에 부동의 자세로 서 있는 겸손한 나와 해후한다. 둘은 우애롭고 참 신실 순직하다. 대화를 시작하면 며칠 밤을 뜬눈으로 새울지도 몰라 허투루 입을 트지 않는다. 딴은 그냥 묻어 두면 잉여의 시간이 더께를 씌울 것인즉 하루 한 고비씩 혹은 굴곡진 고비를 돌아가며 한 올 한 올 풀어내려 한다. 소소한 것이지만, 그것들은 더러 모질었던 내 칠십 성상의 우여곡절이라서….

거울에 먼지가 내려앉았다. 놀이 지기 전에, 온몸으로 닦으려 한다.

(2019)

우후죽순

불끈 솟은 것에 대한 담론이 반드시 필요한 것은 아니다. 그것은 이미 가설이 아닌, 결과로 정리되면 좋다. 다만 기존의 견고한 장치를 뚫는 데는 천공穿孔 그에 못잖은 엄청난 힘이 있어 가능한 것인데, 후일에라도 그 힘의 근원에 대한 진지한 탐구는 반드시 있어야 하리라는 의지에 무게가 실릴 수밖에 없다.

그새 길을 내기 위해, 또 시간의 선택과 주변 환경의 적정 여부와 조율에 연신 골몰해 왔음을 토정한다. 고난의 여러 밤과 번잡한 일상의 낮들을 뒤척이며 준비하느라 고심한 이력을 열거하려 하지 않는다. 그보다는 네 탄생 이후의 전개가 더욱 설레게 될 것이라, 당장의 조바심을 추스르는 게 급선무다.

파격이었다. 그런데도 개벽처럼 천지를 뒤엎지는 않았고, 주위를 압도할 만한 외마디 고고성도 내어지르지 않았다. 두꺼운 껍질을 벗고 나온 뒤 일정 시간 이어지며 숨죽인 채 흐르던 침묵의 시간, 그 시간의 의미가 나를 흔들며 한동안 싸고돌더라. 너저분한 일상 속을 서성거리던 내 앞으로 허공을 가르며 솟아난 네 탄생설화가 경이롭기만 하다. 하르르 꽃이 피어나듯 하늘이 열리는 순간, 천방지축 지나던 구름도 무심코 멈춰 서던 그 시각에 나는 정신을 놓아 버렸더니, 이내 가슴이 요동쳐 오더라. 종당엔 온몸이 떨려 말조차 어눌해갔다. 한 움큼의 물이 그리웠다. 지독한 조갈, 그 목마름의 순간순간들.

아직 연약하니 미풍에도 휘적거려 몸 가누지 못할 것이다. 하지만 간단없이 겪어야 하는 시련이 눈앞으로 성큼 다가올 것이야. 그래왔던 네 붙이들의 오랜 내력처럼 알음알음 끌어안아야지, 한 발짝이라도 비켜서지 않아야 한다. 오늘 아침, 비 올 듯 건들대는 샛바람이 오는 쪽으로 서툴지만 첫 걸음을 내딛어야지. 먼 데서 내려 온 햇살이 부챗살 모양으로 포근히 감싸 안는 오월이 어머니 품으로 와 있다. 느닷없이 안기고 싶다.

구름이 궤도를 찾아 가던 길로 흐르고, 포르르 한 마리 새가 앉았던 가지를 떠나면서 마당이 한 번 휘청한다. 네 허우대가 훤칠하게 다가오는 아침이다. 그새 너끈히 두어 뼘은 자랐구나.

(2018)

걸치다

-빛깔 그리고 수필의 옷

일곱 빛깔 무지갯빛 색의 교집합으로 현란하다. 옷도 세인의 이목을 끌고 싶다면 의당 알록달록하게 입어야 한다. 글도 매한가지다. 하지만 이건 체질이다. 내겐 단조한, 그저 그런 밍밍한 무채색이 체질이다. 흑백이 담박해 좋고 중간색 회색도 못잖게 끌린다. 색깔만 아니다. 옷에 요란하게 무얼 매달고 치렁치렁 덧대 나부끼는 것도 별로다. 처지고 느슨해도 너끈해 편하면 분에 맞는 것이라 여겨 구시렁거리지 않고 그렇게 몸을 싸고 다녔다. 분 바르고 거추장스럽게 꾸며 가며 돋보이게 하고 싶지 않은 취향대로 살아온다. 천성이 나를 그렇게 만들었다. 그렇게 살다 보니 내게로 오는 시선이 예사롭지 않음을 느낀다. 눈 맛이 짭조름한데 조금은 달달하기도 하다. 바람결이지만 개성이 꿈틀댄다는 평판도 들린다. 들썩이게 신명나진 않았지만, 무심결 입가에 웃음을 띠게 된다. 애써 치장하면 속이 숨어 버린다. 내 모습에서 불편한 수식보다 편하고 간결한 진실이 와 닿은 탓일 테다. 거울에 다가갔다. 이 웬 유창함인가. 웃음 담뿍 머금은 얼굴이 하 상기돼 어린 아이마냥 발그레하다. 문단에 얼굴을 디밀어 서른 해를 바라보는 이마적에 이르도록 이런 흐뭇한 웃음은 처음이다. 순수하다. 유혹이 없지 않았다. 어느 날, 별 안 돋은 밤에 형용사와 부사를 동원해 곱게 장식하고 싶어 쓰다 말고 원고지를 구겨 버리고 흐느꼈던 일. 그 밤에 나는 내게 결곡해야 한다고 독하게 서약했다. 근육이 다소 처지더라도 주어 서술어만으로 강건하게 뼈대를 세워 글을 쓰리라고. 뼈대는 속으로 장부를 감싼다. 그게 원래 내 글이라 내게 선언했다. 어디서 그런 용기가 나왔을까. 놀라운 변화를 나는 거뜬히 수용했다. 그 뒤로 나는 수식에 골똘하지 않으려 무진 애쓴다. 가을이 깊어 간다. 만산홍엽으로 물든 단풍에 눈시리지만 산에 가 그것에 빠져들진 않는다. 혹여 내 글이 저리 물들어 화려해질까 봐 조신한다. 밖에서 날 찾는 이 있어 문간을 나선다. 늘 입던 옷가지 하나 툭 얹으니 속이 편해 발걸음이 가볍다. 수필 속으로 삶이 들어서는 순간이다. 나는 모양내려 옷을 입지 않는다. 오늘도, 이 나이에 걸맞게 남루를 걸치다.

(2018)

일개미의 생애

공원을 걷다 모퉁이를 돌아서려는데 발아래 고물거리는 기척에 눈이 갔다. 잔디 틈으로 난 좁은 틈새를 따라 개미들이 떼 지어 오가고 있다. 새카맣게 이어진 행렬을 보고 있으려니, 쉴 새 없이 고물거리는 고 작은 것들에 눈이 어지럼을 탈 지경이다. 입에 먹이 쪼가릴 문 놈도 있고 달랑 몸만 나선 녀석도 있다. 오는 놈, 가는 녀석들이 양 방향으로 급하게 흐른다. 질주다. 저들 딴엔 정해진 행선지가 있을 것이다. 새 길을 만들지 않고 있는 길을 이용하려 셈했을 게 분명하다.

그들이 오가는 길은 불과 2, 3미터로 끝난다. 길 양쪽은 땅속으로 이어지며 묻혔다. 제한된 거리를 가며 웬 걸음이 저리 총총할까. 지나치다 낯익은 얼굴과 아는 척 인사 한마디 나눌 경황이 없겠다. 먹이를 얻은 놈은 곳간을 찾아갈 것이고, 맨 입인 녀석은 먹이를 구해야 하니 어차피 바쁠 수밖에 없을 테다.

놀라운 것이 있다. 역주행하면서도 서로 부딪는 놈이 단 하나도 없다. 충돌도 추돌도 일절 없는 무사고 교통 현장이다. 화급한 걸음이 과속을 내면서도 사고란 게 없는 세상이다. 사람처럼 소양교육 따위도 없을 것인데, 저들 삶의 흐름이 저토록 완벽하다니. 사람과 비교할 양이면 체면 구길 일 아닌가.

일개미들이다. 사회성을 가지며 군집을 이루면서 그 속에 엄연히 규율과 계급이 존재한다. 대체로 여왕벌과 수놈은 생식계급이고 일개미는 노동계급에 속한다고 한다. 노동계급인 만큼 일개미는 성실하고 착실하고 부지런하고 끈질기다.

지금 내가 보고 있는 것은 일개미다. 오가는 분위기, 흐름만 봐도 녀석들은 일에 집착하고 있음을 알겠다. 일에 매달려 죽자 사자다. 지구상에 존재하는 개미의 개체수가 1경京에서 2경에 이른다고 동물전문가들은 말한다. 경은 조兆의 만 배에 해당하는 무개념에 가까운 숫자다. 그들을 합치면 무게가 75억 세계 인구의 몸무게보다 더 무거울 것이라 한다. 동물의 과科 중에서 가장 성공한 게 개미라고는 하나 놀라운 일이다. 상상하거니와 세상 개미를 한곳에 모아 놓을 수도 없겠다.

개미는 무엇으로 사는가. 저렇게 일만하다 죽어 간다. 길어야 일 년을 산다니 단명하다. 고작 일 년을 살면서 저렇게 일만 한다니 참 고단한 삶이다.

하지만 모르는 소리다. 개미가 성공한 종으로 있는 게 우연이겠는가. 일 년을 살면서 무수히 사라져간 개미 무리들. 어찌 다 헤아릴까. 지금 눈앞을 오가는 저 개미 떼의 노동은 소중하다. 종의 유지를 위한 헌신이다. 개미란 이름으로 살아갈 붙이의 영속성을 위해서. 저들의 존재 이유다.

(2019)

새끼손가락의 노고

다섯째 손가락, 참 작아 앙증맞다. 또 유별나게 가늘다. 이름 그대로 새끼손가락인 게 제격이다.

다른 손가락들과 상대적 비교지만, 눈에 띄게 작으니 볼품없어 보이기도 한다. 애초 사람 몸을 새긴 조각가가 왜 이런 자그만 부품 따위 하잘것없는 걸 만들어 붙였는지 모른다. 장난삼아 심심풀이로 한 건 아닌가. 실패작이기라도 한 건가. 가만 볼수록 만만해 보여 가소롭기조차 하다. 손가락 다섯 가운데 맨 마지막에 자리 잡은 것도 그렇다. 다섯 중에 혼자 제일 외지잖은가.

한데 그렇게만 볼 건 아니다. 있어야 하니, 있을 자리에 있는 것이다.

첫가을 어느 날, 폭염에 손 댈 엄두를 내지 못했던 텃밭을 정리했다. 상추와 월동배추를 심으려는 심산이라 이 일은 기본이다. 멋대로 웃자란 잡풀들을 먼저 삽으로 갈아엎고 흙덩이를 부숴 가며 호미질을 했다. 미뤄 둔 일이고, 때마침 산산한 바람이 이마로 오니 시간 가는 줄을 몰랐다. 뽑아 놓은 잡풀을 마당의 나무 둘레로 갖다 덮어 대충 일을 마무리했다.

몸을 씻는데 물을 머금어 유독 쓰려 시큰거리는 데가 있다. 깜짝 놀랐다. 열 손가락 가운데 오른쪽 새끼손가락이 아프다고 하소연이다. 녀석 하나만 안쪽으로 물집이 나 있다. 살가죽이 벗겨져 속살을 내놓고 너덜거린다. 이럴 수가.

그러고 보니, 새끼손가락은 텃밭 일을 하는 그 짧지 않은 시간 동안 삽과 호미 자루를 잡아 끙끙거리며 깜냥으로 노역의 막장을 감당하고 있었다. 엄지, 검지, 중지, 약지에 짓눌려, 그것들의 하중을 이 악물고 견뎌 냈으리라. 악력에 그 왜소한 게 얼마나 힘들었을꼬. 살가죽이 그냥 짓물러터진 게 아니다. 생각만 해도 눈물겨운 고투였겠다.

연고를 바르고 밴드로 싸매는데 새끼손가락이 갑자기 커 보인다. 녀석이 없었다면 텃밭 일이 제대로 되지 않았을 것 아닌가. 평소 존재감이 없었던 거라서 노고가 더 커 보이는가. 사람의 눈이란 간사한 것이다. 마음이란 것도 때로는 중심을 잡지 못해 팔랑개비같이 흔들린다. 작다고 나무라며 업신여길 게 아니었다.

'어서 아물어라, 어서.' 왼손으로 녀석을 감싸 어루만진다.

손가락 걸고 약속할 때, 새끼손가락을 쓰는 이유에 어렴풋이 생각이 미친다. 그럴 때 왜 하필 새끼손가락인가. 서로 간에 자신을 작고 낮게 놓으려는 마을의 표시일 것이다. 새끼손가락을 걸고 난 뒤 엄지를 맞대면서 끝내는 약속의 작은 의식, 거기 새끼손가락에 대한 신뢰가 녹아 있으리라.

신뢰란 쌓이는 것, 또 그것은 평소의 노고에서 나오는 것일 테니까.

(2018)

늙은 남자, 늙는 남자

늙은 남자, 늙는 남자가 설 자리가 없다. 있어도 아주 비좁다. 날개는 이미 꺾였거나 접었고 걸음도 굼뜬 지 오래다. 아래만 굽어본다. 산을 내리다 협착한 골짝에 갇힌 신세다. 꽉 막혀 버렸다. 오도 가도 못하고 꼼짝없이 옴치고 들어앉는다.

하루해가 길기만 한데 시종 축내는 게 밥이다. 끼마다 슬금슬금 아내 눈치를 봐야 한다. 한때, 젊은 시절 활개 쳤었는데, 놀라운 판세 변화다. 허구한 날, 아침 먹자 이내 점심으로 직행, 어느새 저녁으로 바통이 이어진다. 하는 일이 없으니 본능만 밝혀 입에 설설 끓느니 침이다.

바야흐로 여성상위 시대. 세상 도처에 남편이란 존재가 미지근한 마파람 앞에 남루로 너덜거리고 있다. 집콕 하는 늙은 남자, 늙는 남자는 푸대접 받기 일쑤다. 집에서 몇 끼를 먹느냐에 따라 호칭도 달라진다.

집에서 한 끼도 안 먹으면 '영식 님'이라 우대 받지만, 한 끼면 '일식 씨', 그 다음부터 졸지에 어감이 험악해 간다. 하루 두 끼를 먹으면 '이식이 놈', 세 끼를 다 챙기면 '삼식이 새끼'다. 우스갯소리라 하나 그냥 딴죽을 쳤을까. 영식이에서 일식이, 삼식이로 옮아가는 아내들 의식의 흐름이 웃음을 자아낸다. '님'이 '씨'로 가더니 홀연 '놈'으로 '새끼'로 돌변하고 있지 않은가. 고양이가 호랑이가 돼 나타나는 격이다. 좋지 않은 눈길이 낯살을 잔뜩 찌푸리는 듯싶더니, 안 좋은 감정이 점층적으로 심화하면서 마침내 상욕으로 비화한다. 늙은 남자를 둘러싼 환경이 몹시 갈급한 지경에 이르렀음을 실감하게 된다.

말이란 시대와 사회를 비추는 명경이다. 알게 모르게 이런 세상이 돼 있다. 늙은 남자 혹은 늙는 남자, 숨죽이고 밥 끼를 대접 받기만 해도 요행이라 여겨야 할지도 모르는 세상이다.

그래도 속과 마음을 들여다봐야 한다. 아내는 자상하고 따뜻한 여자다. 평생 속옷 빨아 대령하고 힘내라 등 다독여 주는 유일무이한 여인, 쌀쌀맞다가도 몸져누우면 바로 안다. 약봉지에 김 모락모락 나는 물 한 사발 소반에 받쳐 들고 머리맡에 다가앉아 한숨짓고 있다. 효자보다 악처라 했다. 퍼뜩 일어나 앉아 손을 덥석 붙잡아 몇 번이고 흔들어야 한다.

늙은 남자, 늙는 남자가 읊조려야 할 계율이 있다. '여보, 사랑해!' (2018)

우리말이 아침으로 흐르다

한 줄기 햇살이 힘을 뽐내자, 밤새 기다려 온 새벽이 아스라이 열리고 있습니다. 어둠이 돌아앉으면서 눈앞이 제법 희붐해지고 있네요.

마당으로 내려 모퉁이에 앉혀 놓은 평퍼짐한 돌 위에 걸터앉습니다. 어수선한 머릿속을 추스르기 안성맞춤인 곳이지요. 눈에 들어오는 것들이 가려지지 않아 잘 보일 뿐 아니라, 온갖 소리도 빠뜨리지 않고 오는 곳이라 늘 즐겨 찾고 있지요.

시나브로 나무와 풀과 꽃이 제 민낯을 내보이려 하는군요. 그들에게 제 마음을 쏟아 부으려 합니다. 그들이 맞는 새벽은 좀 유난스럽거든요. 아무렇게나, 되는 대로, 함부로 그리고 허투루 덤비지 않는 차분함과 늘 애써 기울이는 올곧은 마음 씀씀이가 있습니다. 여기 오래 머물며 알음알음 찾아낸 아늑한 나만의 뒤꼍이라고나 할까요. 바라보며 느껴 볼 만한 별스러운 낌새들이라 그대로 지나치기 아깝다는 뜻 말고 별난 것은 아닙니다.

나무가 몸서리치듯 뒤틀더니 한 번 몸을 신나게 흔듭니다. 아직 사그라지지 않은 얄브스름한 어둠 속으로 풀빛물이 도록도록 지는 소리가 들립니다. 가는귀먹었다 했는데, 내 귀가 이 소리만은 놓치려 않는군요. 딴은 무슨 뜻이 있다기보다 그냥 내가 살아 있음을 또렷이 보이려 한 것인지도 모르겠습니다. 에워싸인 푸름에 숨 가빠 밖으로 새어나오는 저들의 가느다란 숨결이랄까, 그런 보드레한 살아 숨 쉬는 기척쯤으로 오니까요.

스르륵 스르륵, 아주 가까이 서 있는 몇 그루 봉숭아 이파리 끝으로 이슬이 내립니다. 귀 기울여야 간신히 들리는 낮고 가느다란 소리입니다. 간밤, 어떤 손이 한 마장 밖 옹달샘에서 펴 온 맑고 차가운 물일지도 몰라요. 아, 그렇군요. 어제 낮께 불더위 속 땡볕 아래 축 처져 추레하더니 가엽다고 어느새 보살핀 손이 있었군요. 참 미덥고 결 고운 손길입니다. 그냥 지나치지 않고 보듬는 저 손이 간직하고 있을 깊은 뜻이 담고 있는 알짜배기는 무엇일지에 생각이 미치는군요. 이슬 머금어 함초롬한 것을 눈 번쩍 뜨고서 안으로 깊이 품습니다. 여름 아침인데도 서늘하군요.

쪼르르, 마당에 한바탕 피어 있는 솔잎채송화에게로 눈길이 달려갑니다. 좋아하는 꽃이에요. 벌써 석 달째, 피고 지고 되풀이하는 그의 야무진 밑힘에 끌린답니다. 진분홍과 보랏빛의 사이인, 그 둘이 알맞게 섞여 빚어 낸 빛깔도 내겐 예사롭지 않습니다. 저런 빛깔을 뿜어내는 꽃의 별스럽게 빼어난 솜씨에 아주 반한 것이지요. 저녁이면 접었다 해 뜰 무렵이면 아침으로 열리는 꽃이라 아직은 이른 때입니다. 그래도 고운 빛깔이 어느새 눈썹에까지 다가와 주렁주렁 매달렸습니다. 벌써부터 어질어질 어지럼을 타네요.

돌들은 제 모습을 드러내지 않아도 있음으로 없음을 밀어내는 묵중한 힘이 느껴져요. 돌만이 지닌 새까만 뚝심입니다. 제 살붙이들이 즈믄 해를 견디며 오늘로 흘러 온 그 흐름에 닿는 일이라 다른 어떤 것도 흉내 낼 수 없는 돌만의 힘이 느껴진다니까요. 나는 그런 돌의 단단하고 올찬 그 뼈대를 좋아합니다. 비바람이며 한겨울 눈발에도 좀체 삭지 않는 뼈대입니다. 더욱이 이 섬 바닷가의 돌은 탄탄하기로 더할 게 없거든요. 언제 봐도 그대로라 늘 처음이고 끝인 그 모습을 나도 한 번쯤 닮고 싶지만 엄두도 못 내니, 애진즉 손 내려놓은 지 오래입니다.

이제 빛이 마당으로 한꺼번에 쏠리면서 살아 있는, 살아 있지 않은 모든 것들이 저가 지닌 모습을 그대로 밝음 앞에 홀라당 내놓고 있어요. 어둠은 천천히 눌어붙었던 것들에게서 떨어져 나갑니다. 두껍게 쌌거나 둘둘 말았던 것들을 느슨히 풀어 놓는군요. 어둠이 지녔던 본디의 무거움을 돌려주고 그 빛깔도 내어 줍니다. 처음에 어깃장 놓는 듯했지만 밝음 앞에 어림없는 일인 것을 아는 어둠에서, 밝음으로 빛나는 슬기를 훔쳐봅니다. 말할 것 없이 마땅히 그리 되는 것인데, 그걸 모를 만큼 어둠은 조금도 어리석지 않다는 얘기를 그예 하게 되는군요.

그래요. 드디어 아침입니다. 어느 연못일까요. 아침으로 피어나는 그곳 꽃의 몸짓이 느껴지는군요. 늘 그렇지만 이 아침 또한 정갈하기 그지없어요. 티끌 한 톨까지 가라앉히고 마냥 해맑습니다. 눈앞으로 막 열려오는 아침은 참 온전히 아름답군요. 내 몸이 크고 굵게 꿈틀거립니다. 마음 같아선 언제까지라도 내 곁에 아침만 있었으면 좋겠습니다. 함께 깨어나 같이 기지개켠 뒤 아옹다옹하며 지냈으면 저절로 살맛이 날 것 같으니 하는 말이지요.

간밤에 지나는 바람이 작은 새의 날갯짓 소리를 내더니, 언제 바람이 있었느냐는 듯 하늘 아래 온 누리가 아주 고자누룩합니다. 오래 내 안에 담아 두고 싶은 아침입니다.

이 아침을 내 글 속으로 흐르게 하고 싶은 생각이 번개처럼 스치는군요. 겹겹이 갈피를 헤쳐 놓아 내 꿈이며 마음 한 자락 꾸역꾸역 엮고 잣자 마음 다잡습니다. 는개가 내리지 않았는데도 어깨가 촉촉해 옵니다. 아침이 내게로 와 저만의 무게로 짓누르는 기척인가 합니다.

이제, 툴툴 털고 안으로 들어야 하겠습니다. 이때를 놓칠 수가 없군요. 글 몇 줄 쓰려고요

(2019)

* 외래어는 물론, 기존의 한자어까지 배제해 순수어로만 쓴 실험적인 글임.

더 진하게

아홉 살 때, 도화지에 색칠하던 생각이 난다. 그해에 6·25전쟁이 일어난 전시 분위기 탓인지 군함을 많이 그렸던 것 같다. 최남단 제주에서 전란에 쫓겨 피란을 했거나 전투 장면을 목격한 적도 없으면서 그랬던 건, 전쟁에 대한 귀동냥에 제멋대로 상상이 따랐을 법하다. 만날 하늘을 가로지르며 으르렁대던 B29의 굉음이 지금도 유년의 하늘에 공포의 음울한 기억으로 되살아난다.

군함이 불을 뿜는 건 그것도 겨우 한두 번 '대한 늬우스'로 봤을 뿐인데, 실체의 색에 민감했다. 군함과 포는 검정, 내뿜는 불은 빨강 그리고 바다와 하늘은 파랑이란 관념에 충실했다. 그러면서도 바다와 하늘색이 파랑으로 구분이 명확하지 않았던 건 한계였다.

그때 크레용은 종이에 잘 먹히지 않아 손끝에 힘이 들어갔다. 정도 이상 힘을 주면 곧잘 부러졌다. 또 그만큼 색칠에 집착했던 것 같다. 특히 포가 발사해대는 화염덩이를 새빨갛게 칠하는 데 힘을 기울였다. 덧칠하고 나면 능금보다 붉고 놀보다 더 불탔다. 입속으로 중얼거리는 혼잣말이 있었다. '더, 더 진하게!' 누가 시킨 적도 없었는데, 그랬다. 내 안에 '더 진하게'란 의식이 그때 싹트고 있었을까.

긴 골목에 다섯 가구가 모여 살았다. 두 집에 나보다 서너 살 아래 아이들이 있었다. 맨 끝 집 사랑방에 책상 두셋을 놓고 그 아이들을 가르쳤다. 5학년 때니까 걔들은 1,2학년이 된다. 어른들이 '복습소'라 불렀다. 소문을 듣고 밭 하나 건너에서도 한 아이가 끼어들었다. 부모가 어머니에게 부탁했다 한다. 내가 선생 노릇을 한 것이다. 중학교에 입학하면서 문을 닫게 된 이 복습소는 2년 동안 거의 쉬지 않았다.

그들 셋이 어른이 돼 교직에 몸담아 학교장이 됐다. 초등 한 사람, 중등 두 사람. 나까지 넷이다. 골목 복습소에서 공부했던 강사(?)와 학생 넷이 모두 학교장이 됐으니, 전설 같은 얘기다. 제주에서 제일 규모가 큰 여고 교장을 지낸 B는 연전 타계했지만, 그들을 만나면 활짝 웃음을 주고받는다. 웃음 속에 서로 복습소 추억을 떠올릴 것이다. 감회에 나도 웃음이 만발한다.

어린 내게 뭔가 작은 생각이 꿈틀했었는지 모른다. 걔들, 한 골목 안에 사는 아이들에게 색을 좀 진하게 올려 주자는. 엉뚱해 보이는 이 '더 진하게'의 모습이 어머니에게도 무의식적인 공감으로 흘렀을 것이고, 그래서 사범학교로 보내 교사가 되게 했을 것이다.

나는 결국 교단에 섰다. 선택이 필연인지는 메워지지 않는 공백으로 남았지만, 나는 교원이 돼 있었다. '더 진하게'의 실현인가. 철부지 약관에 교사로 섬마을 우도에서 초등 2학년 아이들을 가르치기 시작했다. '더 진하게'의 장면은 지워져 하얘 버렸지만, 그때 몹시 가슴이 뛰었다. 고등학교로 옮기면서 '더 진하게'가 보다 구체화됐던 것 같다. 다만 그게 대학진학이라는 도식과 목적성에 갇혀 버렸지만, 그것도 학생들에겐 성장의 순환과정이라 치열하게 갈 수밖에 없었으리라.

두 아들을 '더 진하게' 키우고 싶었다. 훈육하려 한 것은 환경이고 '더 진하게'는 지침이었다. 그 둘의 균형과 조화가 하나의 호흡으로 확보돼야 하는 게 사람을 키우는 일이란 생각에 내 시선은 걔들의 내면을 향했다. 성취가 없지 않았다. 건강하게 커 주었고, 지금 50줄에 이르러 덕을 지니려는 삶의 모습을 지켜보며 서성小成에 만족하고 있다.

일곱 빛깔 무지개처럼 고운 색이 어디 있으랴. 일곱 빛깔이 무지개라는 전체, 색의 띠로 아름다운 것이지만, 딴은 빛깔 하나하나가 제 색을 낼 수 있어 고운 것이다. 빨강은 빨강대로, 주홍은 주홍으로…남은 남대로, 보라는 보랏빛으로. 그렇게 각각의 색이 제 빛을 내고 있어 무지개이고, 무지개로 현란하다. 어느 하나만으로는 안 되는, 그것은 하나하나가 다 진할 때 이뤄지는 융합의 미학이 이뤄낸 색의 성취다.

시집과 수필집을 일곱 번째 동시에 냈다. 남다른 감회로, 내 문학의 안팎과 역정을 돌아보게 된다. 일곱 번을 뒤척이며 돌아 온 굽이들에 눈이 머무른다. 한 굽이마다 '더 진하게' 썼는가에 초점을 맞춰보지만, 그 '진하게'의 농담濃淡을 계량화할 수는 없다. 자신에게 혹독한 질문을 던져 놓고 고개 숙인다. 이렇다 할 답을 얻어 내지 못해 마음이 무겁다.

봉투 하나에 책 두 권을 꾹꾹 눌러 담아 보냈더니 축하인사들이

답지했다. 전화로, 문자로, 카톡으로 메일로. 하지만 그것들이 의례적인 것으로 인사치레를 넘지 않아 보인다. 침묵하는 다수에 생각이 머무른다. 글을 써 온 시간이 쌓이면 이렇게 되는가. 책을 내보낸 뒤가 씁쓸하다.

아잇적에 방바닥에 엎뎌 군함을 칠하던 내 모습이 떠오른다. 왜 검정과 빨강에 끙끙댔던 걸까. 다른 질문을 낳는다. 나는 내 문학에 얼마만큼 깨어 있는가.

답하지 못한다. 외로움과 존재 그리고 허무의 근원에 대한 질문이 많이 남아 있다. 그런 내게 분명한 지레짐작이 있다. 글을 쓰는 마지막 순간까지 '더 진하게'에서 벗어나지 못할 거라는.

(2018)

나를 방목하고 싶은 날

많은 시간을 살아 봐도 알 수 없는 일이다. 늘 눈이 딴 데 가 있다. 길이 먼 것 같아도 도달점은 가까이에, 고작 몇 마장 안이다. 희망을 찾아 무턱대고 허덕댈 게 아니다. 그것도 멀지 않은 곳에서 기다리고 있는데, 절망에 빠진 나는 아득히 먼 곳에서 헤매고 있었다.

지난여름만 해도 그렇다. 덥다고 투덜거릴 게 아니었다. 계절은 정해진 궤도를 따라 번갈아 오가는 자연의 일이다. 폭염을 저만치 물리더니 가을이 성큼 눈앞으로 와 있지 않은가. 땀에 전 이마로 오는 바람이 산산하다. 축 처졌던 몸도 돌기처럼 꿈틀거리며 일어설 채비를 서둔다. 몸 안의 크고 작은 뼈대들이 삐걱거리며 아귀를 맞추느라 부산떠는지 요란스럽다.

앞마당 감나무에 벌겋게 익은 감이 벽공 아래 몇 폭 병풍으로 펼쳐 놓은 민화 같아 눈이 오래 머무른다. 천공의 채색은 조잡하지 않고 실경實景으로 단순 단조 담박하다. 가을과 조화를 이뤄선지 한번 간 눈길이 떨어질 줄을 모른다. 자연에 덧대어도 사람의 손만으론 해 낼 수 없는 천연덕스러움의 극치다.

침 설설 끓는지 직박구리 한 쌍이 금속성 파찰음을 내어지르며 날아든다. 저것들, 지난여름부터 어지간히 눈독 들여왔을 것 아닌가.

내왕이 덜하나 까치와 참새도 몇 술 뜨다 간다. 바라보노라니 흐무뭇하다.

먹고 먹히는 것도 자연의 섭리라 오는 녀석들을 후여 하고 날려 보낼 것이 아니다. 사람들은 꽃을 완상하며 영탄하지만 열매를 위한 한 과정이고, 열매는 종의 번식을 위한 것이면서 생명의 허기를 채워 주기 위해 있다. 새들은 배를 불리기도 하려니와 씨를 퍼뜨리는 몫을 한다. 사람은 먹고 새는 안된다는 것은 얼토당토않은 모순어법이다. 햇빛과 이슬과 비를 받아 맺은 열매라 자연 속으로 되돌려 주는 것은 정한 이치다. 나무와 새, 저들 사이에 그래서 삐거덕거리는 소리를 내지 않는 것일지도 모른다.

사뭇 햇살 다사한 날, 깊은 숨 들이쉬며 눈 크게 뜨게끔 고운 햇살이 만져진다. 첫가을, 높아 가는 하늘에 구름 한 점이 없다. 싸고도는 알싸한 가을의 청량함, 이 천지의 조화는 대체 누구의 손길이고 입김일까. 아침나절 길게 덮였던 새털구름이 그새 흔적 없이 걷혔다. 바람은 미풍으로 살랑거리며 와 풀잎을 어루만지느라 머물러 떠나려 않는다. 햇살과 하늘과 바람이 이렇게 한통속인 걸 보면 저들은 각각으로 있지 않고 하나의 완전체를 이루는 자연의 한 부분으로 존재하는가 보다.

이 좋은 가을날, 안에 눌러 있지 못하겠어서 마당으로 나선다. 내일이 추분인데도 잔디가 한여름으로 푸르다. 아이들이 와 뒹굴며 놀았으면 좋으련만.

마음 달뜬다. 다순 햇살, 살랑대는 바람 속으로 나를 방목하고 싶은 날이다. 폭염에 부대끼며 구겨진 심신을 잠시 호사시키면 어떨까. 저 싱그러운 햇살을 들이고, 저 훈훈한 바람의 기운을 온몸으로 쐬어야 하지 않나. 고단한 일상에 남아 있는 눅눅한 잉여의 찌꺼기들을 저 햇살에 말리고, 저 바람에 걸러내면 좋을 것인데….

왜 스스로 소진하는가. 나를 가둬 온 잡다한 일들에서 떠나고 싶다. 설령 쉬이 놓지 못하던 인연까지도 다한 것이면 내려놓아야지. 나이 들어 몸은 늙었는데도 정신이 쉰의 문턱을 어정뜨고 있다면 이런 어이없는 일이 있으랴. 이마적에 자신을 검속해 단정히 세우고, 손이 닿는 어느 길 위로 번쩍 깨어나게 해야 한다.

공자는 '종심'을 "마음이 하고자 하는 바를 따르되, 법도를 벗어나지 않는다."고 했다. 심중으로 오는 말씀이다. 덕이 그에 미치지 못하면서 내게 종심이란 이름표를 가슴에 내달 수는 없는 노릇이다. 종심의 한계를 여든 이전으로 그어 놓은 것일 텐데, 그 이후에 대한 언급이 없는 건 뭔가 허하다. 자연적 수명 탓인가, 아니면 덕이 다해 이르지 못함을 묵언으로 이름인가. 이제 내 나이 그 햇수를 채워 간다. 몸은 늙는데 마음이 품어 주지 못하니 시름이 깊다.

이제 무얼 더 손에 넣지 않아도 마음이 넉넉하기를 기다린다. 가지려 한다고 더 갖지도 못하거니와 더 가져야 할 일도, 더 갖지 않으면 안되는 이유도 없어야 할 때가 돼 간다. 요즘 나는 놀라우리만치 편안해 자신과 화친하다.

소유에서 벗어나면 바로 해탈에 드는가. 내 위로 이렇게 좋은 햇살이 내리고, 살랑거리며 바람이 오는, 전에 없던 이 마음자리가 곧

해탈의 경계가 아닐는지.

내 안 깊숙이에서 벽이 무너지는 소리 나지막이 들리고, 나는 어느새 명상으로 닿게 된다는, 무애한의 경지로 들어선다. 잔뜩 웅크렸던 고뇌의 덩어리 하나 한순간에 녹아내리고 있을지도 모른다. 언제일까. 좋은 예감에 가슴 벌렁거린다. 앞산에 눈 스러진 자리에 피어나던 꽃 위로 내리던 눈부신 광휘가 내게로 오고 있을지 모른다.

심신이 오랫동안 시달렸다. 나를 방목하고 싶은 날, 잠시 눈 꼭 감고 깊은 잠에 들고 싶다.

(2018)

처음이다

비가 온다. 오다 갰다. 처음과 끝이 명확해졌다. 비는 다시 온다. 다시 오는 첫머리가 그 처음이다. 차를 타고 내 마음자리, 어느 반경을 속도 내 달린다. 시발점이 처음인 건 확실한데, 도착점에 이른다고 끝이 아니다. 다시 차를 돌려 세우면 그것은 처음이다. 역류의 처음이다. 출생은 개인사의 처음이다. 일흔의 연륜을 쌓으면서 무수히 처음을 경험했고, 그것들의 축적에서 나이에 숱한 점을 찍어 왔다. 불확실하나 언제, 어느 시점까지는 나이를 먹을 것이다. 미지의, 다시 겪게 될 처음들….

자고 나면 아침이 눈을 비비고 있다. 하루의 처음이다. 그뿐 아니다. 바로 오늘은 여사한 시간이 아닌, 남아 있는 내 삶 어느 지점의 처음이다. 내다보면 안다. 오늘 하루 내가 했던 모든 것은 반복할 수도, 바꿀 수도 없는 불가역한 것으로 딱히 하루 전의 과거가 된다는 인식이 베갯맡에 내려와 있다. 긴장한다. 웬 계시인가. 내 터수도 소관도 아니니 모를 일이다.

생애 속에서 시간의 화살에 점을 남긴 모든 처음은 시간을 축낸 만큼 소중하다. 나이 들면 경륜인가. 시간에 관해, 전에 학습한 바 없는 첫 터득에 정신 번쩍 깬다. 이런 싱싱한 날것의 신선함이라니,

처음이다.

외부의 영향이 없을 때 현재의 상태를 지속하려는 게 관성이다. 누가 부러 건드리지 않으면 가만 정지한 물체는 계속 그대로이고, 일정 속도로 움직이는 물체는 계속 한 방향, 같은 속력으로 진행한다. 하루를 그렇게 도미노로 쌓는 관성은 습관이 되고, 그대로 몸에 밴다. 습관은 좀체 흔들림이나 균열이 없다. 이제까지의 상태를 유지하려는 굳건한 경향이 습관이다. 어쩌다 공격적 자극을 받으면 앞으로의 궤적을 조금 보정하면 그만이다. 습관은 좀체 파괴되지 않는다. 깁고 꿰매며 수선할 뿐.

나이는 식탐으로 습관을 비만케 한다. 해 온 대로 하려는 것과 하지 않던 대로 하지 않으려는 것의 명백한 이분법. 내 경우, 그것은 대부분 생래적이 아닌, 후천적 결과물로 돼 있다. 고치고 덧대려 해도 습관이라 여지를 안 주는 고질이다. 습관이 더께로 배면 행동반경이 제한적이 돼 외부에 대해 자칫 경직되게 반응할 수 있다. 유연성이 없다. 흠집을 바로잡으려 해도 잘되지 않아 가탈 부린다. 흐지부지 그건 실없는 처음이다.

젊은 시절의 폭음 습관이 위벽을 헐어 수술대에 몸을 뉘었다. 서른아홉 살 인문계 여고 3학년 담임이 세브란스 병원에 보름 동안 누웠으니 좀 민망한가. 그때 모조지 전지 앞뒤에 60명 반 아이들이 합동으로 써 부쳐 온 위문편지, 그걸 들고 달려와 약이 오른 눈길로 곱게 웃던 간호사의 얼굴이 기억에 남아 있다. 제주도에서 올라온 선생인 줄을 차마 몰랐던 그 의아해 하던 눈빛. 스무 날을 채우라는 의

사의 지시를 어기고 보름 만에 퇴원했다 낭패했다. 음식을 내리다 걸려 재입원하는 생난리를 벌였지 않나. 뭘 하는 데 외곬인 습관이 화를 불렀다. 처음이 실종돼 그랬다.

습관으로 책상에 앉는다. 글을 쓰면서 나는 늘 처음에 있다. 길든 짧든, 시든 수필이든, 칼럼이든 쓰고 있다. 못 배기니 쓴다. 소재의 빈곤에 허덕대다가도 가느다란 물꼬를 터 몇 줄 쓰게 되는 게 글이다. 진즉 그렇게 시작한 글쓰기가 몇 번 날갯짓하지 못한 채 시간의 등에 업혀 오늘에 이르렀다. 어기적어기적 걸음이 굼뜬데도 제멋에 이러니 모를 일이다. 손을 놓고 앉아 있으면 목마르다. 어느 결, 조갈燥渴이 온다. 하릴없는 처음이다.

자평하거니, 내 문학은 버둥대지만 아직도 태작駄作의 경계를 넘지 못한 것 같아 부글부글 애끓는다. 재능은 한계이고 장벽이다. 간혹 역작이라 무릎 치며 우줄대다, 1930년대의 글 만 못하니 쓰던 걸 저만치 밀어내고 가슴 쓸어내린다. 내공을 쌓는다며 매진하고, 등단 때 가슴 팔딱이던 처음을 잃지 않으려 엄혹히 닦달하나 노상 맴돌고만 있다. 운동해야 성장하는데, 늙지 않으려면 운동해야 하는데, 이건 그냥 정지 상태인가, 속절없는 관성인가.

비가 온다. 눈이 펑펑 쏟아져야 할 겨울의 대지 위로 비가 온다. 겨울비는 검다. 비가 뚝 그쳤다. 끝이 아니다. 다시 비가 오면 처음이다. 신은 인간의 모든 선택을 사랑한다 했다. 하늘이 꿈을 줄지도 모른다. 오오라, 그건 전에 없던 처음 아니냐.

지금까지 셀 수 없이 지속돼 온 '처음'이 쌓여 나이 들었다. 부질

없다 투덜대며 써 온 관성, 그래도 적잖은 작품을 써냈다. 몇 권의 책도 상재했다. 책은 씨와 날로 엮어 내 생의 희로애락을 뜰채로 떠 하나의 의미망에 포획한 성과물이다. 나는 지금 그런 대로 주체하지 못할 열락에 잠겨 있다. 이제 된 것이다.

오늘 새벽에도 잠을 깨는 순간, 책상머리에 놓인 전자시계에 눈이 갔다. 벌겋게 달아오른 붉은 신호. 시계는 붉게 효과적으로 빛나고 있었다. 남아 있는 내 삶의 처음이다. 처음은 늘 나를 설레게 한다. 시간 위에 빛난다. 처음이다.

(2019)

무의식

'소재 고갈'이란 말을 입에 달고 산다. 그냥 해 보는 푸념일 텐데, 그게 때로는 내 의식이 잠들어 무의식으로 건너는 길목에 나앉아 글에 쪼들리는 나를 응원하는지도 모른다. 애매하지만 의식의 있음과 없음의 어느 어간쯤일 것이다.

잠자리에서 글감을 만나는 때가 있다. 자리를 틀면서 눈 감고 어둠 속을 더듬는 습관이 만들어 놓았을까. 밤은 흑색으로 진하고 짙어 다른 색의 개입을 용납 않는 고집스러움이 있다. 잠들려는 순간 눈앞을 가득 메운 검정의 두루 충만함에서 야릇한 쾌감을 느끼는 수가 있다.

짧은 시간, 까만 화면 위에 내 삶의 영상들이 나타나 줄을 서다 이내 지워지는데, 대개 무채색으로 갈아입은 그것들이 실제와는 다소 간극을 느끼지만 내게서 나간 것들이라 실눈으로 바라보게 된다. 그것이 내가 그릴 수 있는 가장 아름다운 그림이었나, 그것이 지금의 내 안에 어떤 그림자로 남아 있는가를 생각한다. 영상을 엮는 스토리는 없다. 의식의 개입 없이 나를 방목하려는 시간이라 그럴 것이다. 끝자락 영상 하나가 불쑥 문을 열고 나와 빛 앞에서 나를 맞이하는 수가 있다. 많지 않은 내 시 혹은 내 수필의 소재다.

조금 전 감기약을 먹고 누웠는데, 감은 눈앞으로 하늘에서 방금 내린 구름의 그림자가 지나더니 그게 음성으로 치환되는 게 아닌가. 종긋 세운 귓바퀴를 두어 번 구르다 이슬같이 흘러들었다. 무의식으로 글을 써 보라는 외마디 말, '무의식.'

그러고 보니, 나는 글을 쓰기 전 혹은 글을 한참 쓰다 무의식에 손을 벌린 적이 한두 번이 아닌 듯하다. 작품집 첫머리에 올린 '작가의 말', 청탁 받아 한 작가의 작품집 평설을 쓰려고 며칠을 맴돌며 끙끙 앓다 무릎을 치는 순간 의식을 몰아내고 의식의 자리에 와 있는 무의식의 민낯, 글제. 만질수록 준수한 것만 같아 어느새 어깨춤 들썩이며 갑작스러운 신명에 환호하기도 했다. '이렇게 쓰지 뭐. 많은 말을 해 왔으니, 이젠 말을 아껴야지.'라거나, '그래, 이것이야. 이것으로 하면 돼.'라던 일이 떠오른다. 드라마틱했다.

각성되지 않아 자신의 행위에 자각 없이 일어나는 무의식이 내 정신의 짐을 한 묶음씩 내려놓아 준 것은 나를 오랫동안 연민해 그러는지도 모른다. 목마른 사람에게 물 한 대접 내미는 시골 우물가 아낙의 인정이 그리울 즈음이, 글을 쓰려는데 글감과 만나지 못해 방황하는 바로 그때다.

목월 시인은 '청노루'를 자하산 봄 눈 녹는 산자락 어느 굽이에서 만났을까. 거기까진 그렇다 치고, 그 녀석 청노루의 맑은 눈에다 '도는 구름'을 도대체 어떻게 가두어 놓은 걸까. 시인도 무의식 속에서 산을 오르고 청노루를 해후했을까. 느닷없이 구름이 내려앉은 것도, 그 구름이 청노루 눈 속으로 흘러들어 돌고 있는 기상천외의 서정도

서경도 그러한 것일까. 그렇다면 무의식의 세계야말로 얼마나 황홀한가, 애틋한가. 청순하고 적요한가.

〈일탈을 꿈꾸다〉는 내가 쓴 실험수필이다. 꿈속을 한없이 방황하는 의식의 흐름을 궤적 따라 흐르는 대로 흐르게 방임해 둔 글이다. '떠나고 싶었다./ 일탈을 꿈꾸다.'로 시작한 내 무의식은 한참을 허우적거리다 '법열의 순간, 전율하다 꿈 깼다./ 꿈에서 해체됐다./ 나는 자유인이다.'로 끝이 난다.

무의식은 살포시 아침 바다를 엷게 싸안는 물안개다. 현실을 혹은 일상의 의식을 싸안았다 저가 지쳐야 풀어놓는다. 마음껏 운동하게 하고, 노래하고 춤추게 한다. 깊이 사유하라 하고 그럴 양이면 붕 떠 떠나라 한다. 떠나라 하고 돌아오라는 소리를 할 줄 모르는 게 무의식이다.

무의식은 초점이 없어 실상을 만들지 못할지도 모른다. 더러는 의식으로 돌아오지 못하고 먼 곳에서 날개를 접어 버릴 수도 있어 그럴 것이다.

무의식에서 시나 수필을 쓰려면 시인 작가의 필력이 의식세계를 벗어나야 하리란 생각이 든다. 이 상의 〈오감도〉를 몇 백 번 읽어도 아리송한 이유다. 시인의 목소리가 들리는 듯 이내 사라져 버린 자리에 들꽃 한 송이 피어나지 않는다. 시인의 올라섰던 상념의 그 '켜'는 내 높이를 훨씬 넘어 저기 아득한 곳, 절정에 있다. 고가사다리를 타고도 오르지 못한다. 구만리장공이다.

무의식은 하늘을 구름으로 흐른다. 때로는 그냥 흐르는 구름이다.

한 점 구름 혹은 하늘을 뒤덮은 먹장구름이다.

잠이 달아나고 있다. 붙들어야지, 무의식 속으로 한잠 푹 자고 싶다.

(2019)

내 눈으로 그림 보기
—변시지의 〈아침〉

『언론 사람』 표지에 실린 화가 변시지의 작품 한 점을 받고 앉았다.

간밤 난폭한 바람에 한 고비를 넘긴 초가 한 채, 작은 섬으로 붕 떠 있다. 광란의 바다, 성난 파도가 아직 쉴 새 없이 몸을 뒤틀고 있다. 가쁘게 숨 몰아쉬며 내리쬐는 아침 햇빛을 받아 싱싱한 황금빛을 빨래처럼 쥐어짠다.

군데군데 직선의 균형을 흩으려 몇 군데 곡선으로 기웃거리는 수평선이 숨을 고르며 밤의 악몽을 게워 내는 모습이다. 붓을 떼도 움직이는 것은 정지되지 않는다. 지척의 허공으로 내려앉은 태양이 활활 불타는 에너지로 넘친다. 바다까지 잔뜩 품어 불태우려는가. 먼 발치에서 누가 화기를 그어대면 퍽 하고 타오를 듯 일촉즉발로 민감해 보인다.

기겁했을까. 갈매기도 까마귀도 한 마리 뜨지 않았다. 숲에 깊이 숨었을까, 한낮에 갈대숲을 서성이던 도요새 그녀석도 별안간 기척이 없다.

초가집은 버틴다. 가까스로 바람 속에 중심을 잡았다. 뒤편에 거대한 소나무, 옆구리에도 몇 그루 소나무를 끼고 있다. 정낭이 내려 있어 에헴 소리로 좁은 마당을 질러 들어가니 내 귓속으로 인기척이 들린다. 마루로 드는 두 짝 문은 굳게 닫혔는데 방문 한쪽이 열려 있고, 거기 한 늙은이가 쭈그리고 앉았다. 가는귀먹어 소란스럽지 않은가. 무얼 마름질하는지, 무얼 깁고 있는지, 뭔가 바지런히 만지작거리고 있다. 모른다, 밖으로 나와 한바탕 흔들렸던 바다의 아침을 가슴으로 품을지도. 그렇다면 헌옷가지 하날 내놓아 주섬주섬 깁고 있겠지.

쓰러질 듯 작은 섬으로 떠 있는 초가에 사람이 있어 아침은 그림 속에서 생광한다. 생명으로 나고 드는 사람이 있어 집이다.

아침 햇빛은 강렬하다. 초가 앞 나지막한 등성이 풀밭에까지 황금빛을 쏟아 놓아 질펀하다. 문득 거기 조랑말 한 마리 떴다. 언제 왔나. 탯줄을 끊자마자 걷는 짐승이라 걸음이 잽싸다. 녀석 겁 없이 뭍의 끝자락을 딛고 바다를 굽어보고 있다. 몸을 배배꼬는 물굽이에 놀랐는지 모른다. 그래도 몸을 꼿꼿 세우고 머리를 치켜들었다. 세운 갈기에 휜 허리, 바닷바람 속에 늙었는지 유난히 꼬리가 길다. 균형 잡힌 몸매가 퍽 건강해 뵌다.

폭풍의 화가 변시지, 그의 키워드는 바람이다. 광풍에 춤추는 새들의 〈난무〉, 바람 속을 울부짖으며 나는 〈전설에서 추방된 새, 외족오〉가 울담 위를, 초가 위를, 격랑으로 어질러진 바다 위를 쫓기며 나는 모습을 화면에 담았다. 화면이 들썩이게 역동적인 그의 그림 속엔 언제 보아도 제주인의 디엔에이가 용솟음친다. 날고뛰고 그렇게 젊다.

그나마 〈아침〉은 바람 잔 뒤인지 그림을 안정된 정서로 감쌌다. 간밤의 동세가 아주 사그라지진 않았으나 비교적 진정됐을 테니까. 그래서 바다가 황금빛으로 들끓고, 그 속에서 초가는 섬으로 선명한 윤곽을 드러냈고, 나무들은 검고 조랑말도 제법 어미답게 무게를 잡았다.

아침노을 빛으로 타는 허공에서 내려앉아 불붙는 바다의 빛이 들숨마다 폐부 깊숙이 들어와 정신의 허기를 깨운다. 갑자기 시장하다. 밥 생각에 입안에 군침이 돈다.

(2019)

시간 속에서

사람은 시간 속에 태어나 시간 속에 흐르는, 그것의 하수다. 시간과의 연이 생명으로 나고 성장하면서 그 끝을 향해 항진을 계속한다. 어느 날 자신을 바라보는 눈에 다가온 성숙과 변화의 실체 앞에 절망하기도 하지만, 그 만한 성취와 성숙해진 모습에 환호하기도 한다. 울고 웃다 내가 나를 마주 하고 서서, 내가 나를 붙들고 서서, 내가 나를 응시하며 더러는 용서하고 화해하고 응원하면서….

나는 가난에서 벗어나 있었고, 몽매에서 깨어 있었고, 애매모호하고 막연한 혼돈에서 헤어 나왔고, 모질고 질긴 시대의 결핍에서 바람 앞의 낮은 풀로 일어서 있었다.

놀라운 것은 약관에 아이들 앞에 선생으로 서 있었다는 것, 그들을 훈육하게 됐다는 엄연한 사실이다. 어느 날 초등학교에서 고등학교로 두어 계단 올라앉아 있었다. 자신을 향한 내면의 강렬한 외침이 있어 가능했을 것이다. 새벽을 갈구하는 내게 아침은 기어이 왔고, 나는 한 마리 파랑새가 돼 빛이 오는 쪽으로 파닥이며 날았다. 몇 년 동안 책과 사투했던 내 젊은 날의 이력을 막상 몇 줄의 문장에 녹여 내려 할 때면 가슴 벌렁거린다.

나는 타고난 역마살에 눌러앉지 못하고. 여러 학교를 전전했다.

단지 자리를 옮긴 게 아닌 신분의 변화를 서슴지 않은 겁 없는 선택이었다. 엄격히 말하면, 사립학교는 공무원이 아니다. 공 · 사립학교를 넘나든 운신은 지금 생각해도 쉽지 않은 아찔한 모험이었다. 마흔 서너 살 때, 학교를 사직하고 서울에 있는 학원 강사로 변신해 있었다. 그때 정점을 찍고 있던 그곳 프로강사들 속에서 나는 시골서 올라간 아마추어에 불과했다. 솔가하고 대처로 갔던 나는 세 해를 버티다 떠났던 사립학교로 귀환했다. 교주가 나를 불러 들여 가능했다. 조상 음덕이었을지도 모른다.

지천명을 넘으면서 내게 오는 시간이 우격다짐으로 치대는 걸 느꼈다. 이전보다 더 속도를 내는 것 같았다. 잠에 빠져 있던 나는 당혹했다. 엄습해 오는 허무에 정신이 번쩍 들어 들어선 곗이 문학의 길이었다. 정신의 허기를 채우려 한 구원의 날갯짓이었다. 그때 내가 할 수 있는 건 수필이었다. 제주문인협회에서 공모한 신인상에 당선된 게 1993년, 그렇게 지역문단에 이름을 올리고, 이듬해에 『수필과비평』으로 중앙문단에 이름을 올렸다. 시간이 흘러 서른 해가 목전이다. 지방 일간지가 거들어 대서특필했다. 이 섬에 수필가가 한둘밖에 없던 때라 감회가 새롭다.

시간은 내게 욕심을 불렀다. 시에 목마르던 나는 『심상』을 통해 시인으로 데뷔해 운문과 산문, 두 장르를 짐 져야 하는 운명의 길에 나섰다. 지금도 어정뜨게 되는 것은 시와 수필 속에서 어중간하게 부대끼는 게 아니냐는 의구심이다. 두 살림 차린 바람난 가장처럼. 시를 쓰다 보면 그에 쏠려 수필이 멀리 가 있고, 수필에 몰입하노라면 시가 도망가 버리는 혼융하기 어려운 둘의 힘겨운 치다꺼리, 힘에 부치다.

시집과 수필집을 일곱 권씩 내며 둘을 병행하는 내 문학의 존재감을 드러내려 한 것은 자기현시는 아니었는지. 수필과도 달리 열댓 해 내공에 매달리고 있는 시가 마음에 걸린다. 그래도 2019년 한 해에 쓴 수필이 187편, 시가 300편이다. 태작이지만 내게 위안을 넘어 내 문학의 존재 근거라 하고 있다. 내게 시간이 많이 남아 있지 않았을 것이다. 사람과 사물에서 오는 충격이 파장을 부르는 어느 날까지, 내 손이 연필을 잡아 초고하고 키보드를 칠 수 있는 그 시점까지 멈추지 않을 것이다.

시간은 삶을 주도하면서 많은 변화를 이끌어 낸다. 심드렁하더니 요 몇 년 새 나이에 민감해졌다. 팔순이 목전 아닌가. 칠순엔 무게감이 덜하더니 팔순은 쇳덩이처럼 듬직할 것 같다. 이제부터 시간이 마지막 지점을 향해 쏜살같이 나아가리라. 심상한 일이 아니다. 대충 추슬러 놓았던 내 생의 퇴적물을 반듯이 제자리에 놓아야 할 시점에 당도하고 있다.

시간은 아내와 내게도 세월의 이끼를 덧씌워 놓았다. 얼굴에 이랑을 파놓는 것은 그렇다 치고 몸 어디 하나 성한 데가 없다. 고장 난 몸으로 남은 시간을 버텨야 하니 심난하다. 길 가다 헛디뎌 땅에 넙죽이 엎드리거나 돌멩이에 차여 나뒹군 게 한두 번이 아니다. 곤혹스럽다.

그나마 손자손녀들, 그 아이들 잘 크고 웃음 해맑으니 살맛난다.

큰손녀 지은이가 국립대 영문과에 합격했고, 다섯 살부터 이태 동안 같이 살며 한자공부를 시켰던 손자 지용이가 중3 졸업을 앞두고 12학급에서 전체 수석을 했단다. 시간의 흐름도 잊고 구름 타고 멀리 흐르는 기분이다. 더는 바라지 않고 이냥 이대로 갔으면 좋겠다.

시간 속에서 이따금 관음사 영락원, 영면에 들 그곳이 눈에 어른거린다. 주인을 기다리며 만개한 연꽃 두 송이 앉아 있다. 해로동혈할 우리 내외가 그 속에 들어 천년 숲에 에워싸여 조석 염불소리에 귀 세우면 더욱 적막할 것이다. 어쩌랴 이곳의 한 생을 잘 마무리해야지.

시간 속에서, 울고 웃으며 넘어지면 일어서며 한 생을 살 만큼 살아왔다. 더 원 없이 누려온다. 내가 나를 밀어내며, 때로는 내가 나를 받들면서.

(2019)

5 _ 밤이 내리는 시간에

물구나무 소년

연일 무덥다. 더위가 인간의 한계를 시험하는 모양이다. 허덕대다 일간지 사진 기자가 찍은 사진 한 장이 눈을 붙든다.

〈물구나무 소년〉.

배경은 먼 나라. 인도 북부 히말라야 산자락 아래 자리 잡은 힌두 성지 리시케시(rishikesh). 명상과 요가의 성지로 일 년 내내 순례자들 발길이 끊이지 않는다는 곳.

한 소년을 만났다는 것이다. 뜨거운 태양빛과 갠지스강의 영묘함이 옷가지 하나에서 마음까지도 걷어 낸 걸까. 아홉 살쯤 돼 보이는 소년이 고루 잘 태운 구릿빛 몸뚱이를 전라全裸로 드러내 놓고 있다. 모래 벌에서 물구나무서고 있는 소년을 사진으로 꼼꼼히 담아냈다. 앵글을 뒤로 들이대 까만 머리와 등허리와 허벅지를 한꺼번에 확 눈앞으로 당겨 놓았다. 뒤집힌 발바닥이 갓난이 살결이다. 맨발로 다녀서 그런가. 얼굴을 볼 수 없는 건 사진의 한계다. 더욱이 궁금한 것이 보여 줬어야 할 소년의 눈빛.

소년은 지금 무엇에 눈이 가 있을 것이며, 또 그가 바라보는 세상은 어떤 모습일까. 소년의 두 눈에는 힌두사원의 장엄함과 끝없이 이어지는 순례자들의 진지한 행렬이 어김없이 들어오리라. 속절없이 고행 길에 선 사두(sadhu)와 갠지스 성수聖水에 몸을 담그는 여인들.

그래도 한 줄기 강바람을 온몸으로 느끼는 이 소년만큼 자유롭지는 않을 것이다. 소년은 몸을 거꾸로 세우는 순간, 무슨 생각을 했을까. 아침에 집에서 가족들과 주고받았던 짧은 대화 속에서 혈육의 정을 되새길까. 아니면, 이후 진행된 동네 친구들과는 조금 언짢았을지 모르는 미묘한 감정의 꼬투리를 풀어낼까. 더위야 늘 겪는 것이니 그의 생각의 실마리를 헤살 놓지 않았을 게고. 때마침 지나는 강바람에 몸을 획 거꾸로 했을지 모른다.

사람이 살면서 똑바로 본다 해도 세상이 다 옳은 것만은 아니다. 거꾸로 보는 세상이 얼마나 신기한지는 물구나무 소년, 그만이 알 뿐, 부모도, 선생님도, 사회를 이끄는 지도자, 아무도 모른다. 다가올 세상, 이제 저만치 당도해 그 앞으로 오고 있을 미래의 세상은 소년의 것이라 그만이 안다.

사진은 순간을 복제할 뿐 그 후의 전개엔 침묵한다. 설령 사진 속의 소년이 균형을 놓쳐 넘어진다 해도 그는 다시 몸을 거꾸로 일으켜 물구나무설 것이다. 상상의 눈에 그의 앞이 보인다. 쉽게 포기하거나 길게 누워 버릴 그가 아닌 걸 진즉에 알아차렸다. 아이답지 않게 실한 다리의 근기와 차고 일어서게 중심을 받친 두 팔의 탱탱한 근육의 힘.

저런 하동 시절이 있었다. 홀랑 벗고 바다로 뛰어들었다 나와선 모래밭에 곤두박질치던 여름날 그 싱그러운 기억. 폭염 속 불볕더위에도 바다에 한두 시간 있다 나오면 추워서 입술이 새까매지곤 했지. 오들오들 떨며 햇볕 아래 벌렁 눕곤 했지.

어쩌다 물구나무서 거꾸로 세상을 보았지. 소소한 일들에 쫓겨 허둥대는 모습이 눈에 들어와 웃음을 자아내곤 했지. 어찌어찌 견디면 지나가는 것들.

더위란 것도 마찬가지다. 밤낮 숨이 턱 막히게 덥다 해도 더위는 계절의 한 표정일 뿐. 계절 속으로 입추, 처서, 백로가 잇따라 진군해 오는 법. 자연의 섭리다.

(2019)

유골항아리

존재의 멸실 뒤, 달랑 항아리 하나. 한 생애가 남긴 게 단지 이것 하나였다. 다른 아무것도 남아 있지 않다. 청산이 해체되고 수습한 흰 뼈대에 불에 들어 타고 마지막 남은 것, 한때 불리던 이름 석 자와 두 줄의 난해한 광명진언이 나란히 적혔을 뿐이다.

시작과 끝이 그러했다. 하나의 완결된 단락으로 웅크리고 앉았을 뿐 어른의 행장은 더 이상 흐르지 않았다, '화장 중→냉각 중→수골 중→이동 중' 극도로 절제된 절차, 그 이상 다른 전개는 없었다. 그 뒤 고압에 의한 밀폐. 그러고 하얀 보자기에 싸이자 품에 안고 곧장 차에 실려 왔다. 낯선 곳, 골 깊은 한라산 기슭 관음사 납골당 영락원 외진 구석.

시종 무표정하다. 소리도 내지 않는다. 그래도 무슨 말씀 한마디 할듯한데 외마디 혼잣말도 없다. '나, 이렇게 살았노라.' 가슴에 묻어 뒀다 구겨진 종이에 써 뒀을 법한 한두 구절 술회도 없으시다. 어느 순간, 고열에 의해 소실됐을 것이다. 묘한 일이다. 눈이 뚫고 들어가지 않아도 정지된 시 · 공간에 당신들의 서사가 깊은 잠의 나락에 빠져 있는 게 보인다.

스님이 목탁 치며 법화경을 오이다 '나무아미타불'로 흐른다. "아미타불, 아미타불….” 끼고 있는 천년 숲을 몇 차례 울리고 돌아온다. 몇 안 되는 후손들이 일제히 아미타불을 부른다. 간소하고 단조한 의례, 목탁소리 잦아들고 예불이 끝난다.

내가 우리 아이들을 불러 세웠다. 칸칸이 분골항아리들이 도열해 있는 곳에 다가와 눈 멀뚱거리는 아이들, 손자 하나 손녀 셋, 걔들에게 웃으며 얘기한다. “여기거든. 너희들, 앞으로 간간이 오게 될 거야. 너희 아빠에게 고조부모, 증조부모 그리고 이쪽은 할머니 집안 윗대로부터…. 밑에서 세 번째 칸, 할머니 할아버지가 잠들 곳이란다.”

순간, 아이들 얼굴에 웃음이 흔들린다. 느닷없이 얘길 한 건 좀 그런가. 그러나 이곳에 와 있는 지금이 아이들에게 들려 줄 기회라고 생각했다. 유골항아리 앞에 선 아이들, 걔들도 알아야 하니까. 고2. 중3, 중2, 초등 6년. 저희들 발달단계에 따라 알맞게 받아들이고 걸러냈지 않을까.

머리가 무겁지만 시종 웃음을 놓지 않았다. 아이들도 이내 웃음을 되찾는다. 내가 한 말을 속에 담지 않았는지 모른다. 행여 그래도 상관없다. 내 목소리가 오래 귓전에 남아 있게 될 테니까.

‘생멸은 자연의 이법이니라.’ 하는 문어체보다, 대놓고 말한 구어체가 좋았을 법하다. 한창 자랄 때이니 그냥 흘려들어 좋은 것이다.

(2018)

밤이 내리는 시간에

거대한 손이 얄브스름한 휘장으로 소리 없이 어스름의 시간을 포장하고 있다. 익숙한 손놀림이다. 나는 지금, 그 손이 일몰 직후의 잔광마저 털어내 완벽하게 어둠의 공간으로 접수하는 순간순간을 넋을 놓은 채 숨죽여 바라보고 있다.

빛이 피어날 때 여명에서 아침으로 깨어날 즈음엔 찬연하게 일어나 앉지만, 빛이 질 때 밤으로 내리는 이 시각엔 존재를 지우는 데만 집중해 사그라지며 모호하다. 스르르 스르르 지는 연이 맥없이 얼레를 풀어 버리는 나지막한 소리가 간간이 들리더니, 이내 밤이 낯설게 눈앞으로 내리기 시작한다.

조금 전까지 생동하던 것들이 숨을 죽이는가. 일체의 소리의 파장이 배제되면서 사위로부터 죄어드는 적막감에 숨 막힐 지경이다.

갑자기 어둠이 층층이 두꺼워지고, 나는 어느새 한 마리 새로 어두운 숲 속 깊숙이 고단한 날개를 접는다. 그리고 지그시, 눈두덩의 무게에 짓눌려 눈을 감는다.

광막한 천지가 닫혀 가는데, 숲속 어둠이 낯설지 않은 건 모를 일이다. 어둠이 너그러이 지친 자의 영혼을 품으려는가. 서서히 정지되는, 시간이 넘실거리는 이 무한 공간 위에다 나를 길게 눕히고 싶다.

어둠 속에 머릿속이 이렇게 맑은 적은 일찍이 없었다. 전혀 아무렇지도 않다. 일상에서의 일탈이거나 해체를 희구하고 있는 것이 아니다. 다만 친친 싸고도는 어둠에 한 번쯤 저항하지도 않고 누워 버리는 내가 신기新奇할 뿐이다.

언젠가 영과 육은 분리된다. 영혼이 육신을 비우고 떠나 버릴 때, 그 이탈의 순간이 이럴까. 심신이 다 편안한, 이런 안온은 첫 경험이다. 언젠가 새벽녘 짧은 아시잠에 기울던 때, 꿈의 여운이 이런 거였나. 그 꿈이 나를 불러들였을지도 모를 일이다, 길게, 좀 더 길게 꿈꾸라고.

칠흑의 무게로 나를 중압하며 어둠이 내려앉았다. 어떤 손이 나를 끌어당기지 않는데도 그 속으로 눕는다. 이런 밤이 조금도 낯설지 않다. 붕 떴다 가라앉는다.

꿈 하나 붙들어 더 길게 눕고 싶다.

(2018)

꿈 이야기

비스듬히 내린 야산 끝자락에 웬 대장간이 들어섰다.

지붕 없는 시설 칸칸에 무슨 기구들이 뒹굴고 있지만 그리 너절하진 않다.

흡사 유적 발굴 현장 같아 보인다.

작업을 했던 흔적은 보이나 정작 풀무질하는 사람은 없다.

불이 없고 두드리는 소리도 없다.

궁금해 하는 내 앞으로 뜻밖의 일, 홀연 선친이 다가선다.

허리 꼿꼿한 젊은 당신, 단출한 셔츠 바람에 웬 선글라스를 끼고 있다.

배 타다 농사짓던 어른인데 뜻밖의 모습에 충격이다.

놀라 잠에서 깼다.

사람은 저승에 가서도 변신하는가.

나보다 훨씬 젊은 연세에 돌아가신 어른, 이제 내 나이가 되시려나 보다.

새벽 어스름에 안개 뿌여니 창 너머 마당도 안 보인다.

부모님이 현몽하면 수심진다지만, 거기까진 가지 않겠다.

(2018)

꿈꾸다

글 쓰다 완성에 목맬 때, 협착한 공간에서 이런 꿈을 꾸게 될는지 모른다.

때마침 나는 오랫동안 내게서 떠나는 연습에 골몰하는 중이었다.

영혼은 두고 몸에 거죽만 입은 채로 떠나게 될 내 여정의 임지가 어디쯤인지는 알려 하지만 알 수 없다.

훌쩍 몸만 나서게 될 것이다.

계획되지 않은 일정이라 바람 따라 구름이 흐르는 대로 몸을 놓을 것인데, 목이 몹시 탈 테지만 물 없이 갈 것이다.

내게는 아잇적 생의 보전을 위해 고구마 두어 개로 끼를 때우며 견디던 내성이 남아 있다. 곯은 배는 산열매와 풀뿌리로, 조갈에 불붙을 목은 바위틈에서 흘러내리는 석간수에 타는 입술만 슬쩍 적시리라.

산을 넘을 때면 앞서 간 구름이 기다려 줄 것을 믿는 내게 길은 희미하게 놓일 것이지만, 지레 고심하거니와 어느 곳에 닿아 걸음을 멈출 것이냐는 그 지점에 대한 정보의 빈곤으로 선택이 주춤할 것이다. 그게 딴은 염려스럽다.

하지만 떠난 의지가 확고할진대 길 가는 도중 내 안의 자성에 끌려 어느 순간 우뚝 멈춰 서게 되리라는 확신이 있다. 며칠 잠 설쳐 혼곤할지언정 그곳서 나는 떠나며 설레던 목적에 충분히 다가서게 될 것인데, 그런 만큼 그건 미리 걱정하지 않아도 되는 일이다.

눈앞으로 이적이 일어나리라.

비 그치고 내게로 쏟아져 들어오는 집중적인 날빛과 하늘에 닿은 산을 내린 해맑은 정기에, 몸속에서 발끈 일어서게 될 기운에, 몇 날 며칠 왔던 길을 삽시에 도로 걸어 내 주거에 당도해 있게 될 것이다.

그즈음, 귀환을 숨 가쁘게 기다리던 영혼이 나를 맞이하는 굿판을 성대히 벌이게 될 테고, 나는 오랜만에 영혼과 조우해 몸하고 다시 하나로 결합하는 의식 속으로 빨려 들어가게 되리라.

어깨 들썩이며 들어가리라. 영혼을 되찾은 내 몸이여, 얼씨구!

완성이다.

(2018)

그 길

나는 동쪽 접경 마을 이발관에서 이발을 한다. 읍내로 내려와 살게 되면서 걷기운동을 하며 길목에서 들렀던 이발관인데, 사반세기를 넘어 변통 없는 단골이 됐다. 포플러 줄 선 길에 소 몰고 가는 농부 그림만 내려놨지, 베니어합판에 페인트로 그린 그런 그림이 걸렸던 5, 60년대의 이발관에 크게 나을 것이 없다. 그래도 상관없다. 외곬으로 줄곧 찾게 되니 이도 인연인가 한다.

걸어서 20분 거리는 모자라니 일주도로 따라 서쪽으로 더 걸어 운동량을 채우고, 돌아오는 길에 이발관에 들르는 식이다. 내친 김에 두 가지를 한꺼번에 하는 합리적 방식에 길들여지면서 그냥 그렇게 하자는 쪽으로 기울게 됐다. 시종 이발을 한 곳에서 해 왔으니 나도 좀 고집스럽긴 하다.

잦은 변동은 혼란스럽다. 혹시나 하며 전화를 걸었더니 옛날 그 친구 목소리일 때, 놀라 귀에 댔던 수화기를 떼고 물끄러미 떠올릴 때가 있다. '아, 이 친구, 그냥 그대로구나.' 그에게로 가는 신뢰가 몇 겹 도타워지면서, 뒤로 이어지는 정겨운 대화가 격절했던 세월의 간극을 단숨에 뛰어넘는다. 한순간이다.

웬만하면 바꾸지 말자는 쪽으로 생각이 흐른다. 마음을 따르는 게 생각이니 생각이 가는 대로 선택하고 결정하면 그만이다. 딱히 말하기는 그래도 나를 쳐다보는 이발사의 눈길이 예사롭지 않다는 걸 느낄 때가 있다. 진정에서 나오는 인사는 말 대신 눈으로도 하는 것이다. 나도 비슷한 인사를 웃음으로 보낸다. 싼 이발료 1만원, 오래됐으니 건넬 때마다 손길이 거북해 간다.

이발할 때가 됐다. 머리가 길어 기분까지 헙수룩해 길을 나선다. 늘 하는 대로 편한 옷에 모자 쓰고 운동화를 신었다. "찻길 조심해요. 제발 오래 걷지 말고 이발만 하고 와요." 문간을 나선다 하면 등 뒤를 따갑게 따르는 아내의 주의사항 전달이다. 웃기만 하고 돌아서지만 목소리가 시종 따라다니니 모를 일이다. 나이가 들면 아이가 된다는 말이 맞다. 손만 들지 않았지 고샅을 내려 눈앞 건널목부터 유치원생이 된 기분이다.

동네를 벗어날 즈음, 퍼뜩 아이 얼굴이 떠오른다. 손주 지용이. 다섯 살 때 서울서 내려와 일곱 살까지 두 살 아래 제 여동생 지유랑 이태를 함께 살았다. 나선 길이 그때 조손이 함께 이발하러 가던 그 길이다. "어서 업혀라. 할아버지 등에." 녀석의 손을 잡고 걷다 안쓰러워 곧잘 등을 내줬다. 키득거리며 등에 타 두 팔로 내 목을 휘감던 아이. 세상에 등만큼 편한 데가 있으랴. "지용아, 조금만 더 기다리면 아빠 엄마가 데리러 온다. 알겠니?" "알아요. 하지만 할아버지 할머니가 좋아요." 몇 걸음 내딛다 또 녀석이 하는 말에 울컥하던 생각이 난다. "내려주세요, 할아버지 힘들어요. 저대로 걸을 수 있어요. 어서요."

세월이 꽤 흘렀다. 그 아이, 서울로 올라갔다 몇 년 전 다시 제주에 내려와 초등학교 졸업하고 지금 중2다. 불출이라 해도 준수하게 잘 생긴 얼굴, 형형한 눈매, 시큰한 콧날에 훤칠한 키에 푹 빠져 있다. 요즘엔 어깨까지 벌어졌다. 마주 서면 내가 눈을 치떠야 한다. 고 어린 것이 언제 이렇게 컸을꼬. 어린 아이 여름 볕에 수박 크듯 한다더니 폭풍성장이다.

이발하는 날, 이젠 그 길을 혼자 오간다. 손잡고 걷다 등에 업곤 하던 그 아이가 곁에 없다. 내 곁에 있을 턱이 없다. 제 가족이랑 시내에 살며 학교에 다닌다. 일 년 후면 고등학생 그리고 대학에 진학하게 된다. 멀지 않은 일이다. 길지 않은 몇 해 사이, 인생의 중요한 고비를 숨 가쁘게 넘어서리라.

아이와 길을 걷다 "저기 봐라, 저 하얀 새들." 하던 바닷가 철새 도래지 솔가지에 왜가리 몇 마리 오늘도 몸 웅크리고 앉았다. 늦가을이니 며칠 후면 온 곳으로 회귀할 철새다. 녀석들 한가롭다. 가까이 있었으면 다시 보여 주고 싶은 풍경이다. 기회를 봐야지. 하지만 불러도 아이에게 등을 보이기는 다 글렀다. "원, 할아버지도. 제가 업어 들릴게요. 이리 업혀요, 어서요." 할 텐데….

돌아오는 길. 멀구실나무 잎 진 가지에 노르께한 열매가 닥지닥지 달려 있다. 저렇게 매단 채 겨울을 나려는가. 문득 떠오른다. 매미를 보여준다고 저기 붙어 울던 놈 두 마릴 잡아다 실에 묶어 제 동생이랑 하나씩 갖고 놀게 했던 일. 푸드덕대다 울어대 집 안을 뒤집어 놓는 바람에 소스라쳐 놀라던 두 아이.

며칠 후, 기말고사라 한다. 전 과목이라 부대끼겠다. 전화했다. "지용아, 힘들지? 하지만 최선을 다해라. 시험 끝나거든 만나자. 알았지?" "예, 할아버지, 열심히 할게요. 시험 치고 나서 바로 달려갈 거예요."

아이가 집에 오면, 오랜 만에 그 길을 함께 걷고 싶다. 걷다 "지용아, 이리 업힐래?" 체면치레로 등을 내놓는 시늉을 하리라. 말이 끝나기 무섭게 달려와 주저앉아 가며 제 등을 내놓을 아이다. "할아버지, 기분 좋지요? 옛날 업어 주셨으니까 갚아드려야지." 할 것이다.

그런다면 그냥 업혀야지. 아직은 내게 나이의 무게가 있어 몇 걸음이나 내딛을까. 그래도 업혀야지, 업히는 척이라도 해야지.

(2018)

만년필과 잉크

두 해쯤 썼나. 파커잉크 병이 바닥났다. 볼펜 시대라 요즘 잉크를 구하기가 쉽지 않다. 읍내 마을 학교 앞에 있던 문구점이 닫히더니 문을 열지 않는다. 장사가 안되는 모양이다. 헛일 삼아 가 보려다 발길을 돌렸다. 시내 큰 문구점엘 가야 하는데 읍내에서 가려면 불편이 따른다. 오가는 길에 사다 달라 아들에게 부탁할 참이다.

예전 중학생 시절 생각이 난다. 그때는 잉크가 귀했다. 쓰고 난 작은 병에다 잉크를 만들어 썼다. 어머니가 오일장에 가 사오던 물감용 가루를 설설 끓는 물에 풀면 됐다. 검정, 파랑, 초록, 빨강 물색 고운 잉크가 조그만 병을 채운다. 촉을 펜대에 끼우면 훌륭한 필기구가 탄생했다. 노트 정리도 했지만 이 잉크로 한자쓰기를 하는 데 썼다. 마분지나 백로지 연습지에 연필로 쓰고, 그 위에다 펜으로 잉크를 찍어 쓰고, 또 그 위에다 붓으로 썼다.

한자쓰기는 초등 5학년 때부터 그런 방식이었다. 잉크를 찍어 쓰고 병을 여닫다 보면 자연 잉크가 손에 묻게 됐는데, 오히려 그걸 자랑스레 여기던 철부지 시절. '이것 봐라, 나는 이렇게 잉크로 한자를 쓰면서 공부한다.'는 치기의 발동이었다, 우줄댈 게 따로 있지. 그때를 돌이키니 웃음이 난다.

아잇적 그 잉크의 일이 안에 잠재해 있었던 걸까. 너나없이 볼펜을 쓰는 때에 나는 아직 만년필의 범주에서 빠져나와 있지 않다. 버릇은 몸에 저는 것이라 쉽게 이탈하지 못한다. 무심결에 잉크병을 열게 된다. 시를 만년필로 써 버릇해서다. 혹독히 상想의 빈곤을 겪을 때, 잉크병에 손이 가 뚜껑을 돌리고 만년필로 잉크를 찍어 가며 쓴다. 은근히 기대하는 게 있다.

잉크병 뚜껑을 닫고 백지를 받아 앉는 그 길지 않은 시간, 나는 팍팍한 긴장 속에 한 줄의 시가 내리기를 기다린다. 충격이나 조급함보다 느긋한 기다림 쪽에 기대 오는 이 습작 습관은 대개의 경우 내게 가파르게 희열을 안겨 준다. 영혼으로 스미는 시의 흐름에 환호작약한다. 강렬할 때는 몸을 떨며 전율한다. 시 쓰기는 언제나 순간순간 숨이 가쁘다.

만년필과 잉크가 시 쓰기에 자그마치 기여하고 있으니, 모를 일이다. 초등학생 때의 잉크가 칠십 대 노년의 시작詩作으로 확산해 온 오래된 연, 그 질긴 맥락에 생각이 닿을 때마다 혼자서 까닭 모를 웃음을 머금곤 한다. 내 인생 막바지를 윤택하게 하는 정신의 열띤 노작-글쓰기의 중심에 구체적으로 참여하고 있는 만년필과 잉크, 내겐 그걸 단지 글을 쓰는 필기구로 봐 넘길 일이 아니다.

수필은 컴퓨터 자판에 두 손을 얹어야 하는데, 시는 백지에 잉크를 찍어 가며 만년필로 써야 한다. 볼펜은 끝이 경직해 거치적거린다. 수필을 백지에 쓰려면 술술 풀릴 것 같던 생각의 줄기가 한순간에 꽉 막히고 만다. 반대로 시를 자판으로 두드리려 시도하면 순식간에 흘러들던 이미지가 종적 없이 멸실한다. '백지에 만년필'의 조합은 좀 별난 것이라 시간을 거슬러 올라 '잉크와 펜' 시절에 가 있게 되곤 하니 알 수 없는 일이다. 내 버릇의 연속선상에서 답을 찾는다지만 더듬어 봐도 묘연하다.

며칠 만에 큰아들이 파커잉크를 사고 왔다. 그새 볼펜으로 시 몇 편을 끼적였으나 영 마뜩잖았다. 볼펜으로 쓴다고 시가 안되는 건 아니나 뭔가 허했더니, 뺏다시피 잉크병을 받아들었다. 쉰 넘은 아들에게 별로 않던 말이 튀어나왔다. "고맙다, 아들." 거울에 비춰 보진 않았지만 분명, 내 눈에 동살 같은 빛이 감돌았을 테다.

아들이 돌아가자 책상머리에 앉는다. 백지를 펴놓고 몽블랑만년필에 잉크를 찍는다. 명품으로 태어났음에도 잉크가 새는 후천성 장애. 옛날 펜대처럼 녀석으로 잉크를 찍어 쓰면서 분명해진 것이 있다. 만년필과 잉크, 그 만남의 운명성.

나는 요즘 만년필과 잉크, 둘과의 연緣으로 시를 쓰고 있다. 만년필에서 줄줄 내리는 잉크가 시로 흐르는 늦가을 오후. 겨울이 목전인데 몸 따습다는 어떤 이의 목소리가 무슨 계시처럼 들려온다.

자판 위에 갓 잡아 건진 생선 한 마리 팔딱팔딱 물을 튕기고 있다.

바다 맛, 참 짭짜름하다.

(2018)

행복의 표면적

곧잘 하는 습관적 질문에 대한 자답이다. 혼자 스스로에게 묻고 답하는 건 실없는 일이지만 그런다. 나는 불행하지 않다고 단호히 말해 놓고선 히죽거린다. 행복하단 소리가 되는 탓이다. 그러고선 금세 고개를 내젓고 있다. 길게 생각할 것도 없다. 나는 썩 행복하진 않은 것 같은데, 그렇다고 불행한 것도 아니다. 혼란스럽다. 그러다 보니 졸지에 흑도 백도 아닌 게 된다. 냉정히 말한다면 행 · 불행 사이를 서성거리고 있는 회색-경계인이 돼 있는 듯하다.

과거는 덮어 버리고 현재의 나를 반듯이 세워 놓는다. 유심히 겉을 쳐다보다 내 속을 들여다본다.

잘 웃던 얼굴에 웃음기가 지워지고 대상을 보는 형형하던 눈길에 빛이 사그라져 그늘이 깊고 짙다. 그늘이 마음을 덮으면 우울해지니 스산하다. 카랑카랑 날 서고 힘차던 목소리가 언제부턴가 잦아들면서 무엇에 걸려 갈그랑거린다. 본래의 소리를 잃어 가는 것 같아 신경이 곤두선다. 이전에 없던 무표정이고 행색이다. 이런 변화가 내 생의 진행과 엇박자는 아닌 것 같은데, 퇴행의 진행에 대해선 깊이 생각하고 싶지 않다. 왜 생각의 범위를 넓히려 않는지는 나도 모르겠다. 나이 들어 황혼의식의 발동에 걸려들었는지도 모른다.

시간이 갈수록 조그마한 자극에도 민감하게 반응한다. 소소한 일에 장고長考하게 되고, 크지 않은 실수를 심각히 받아들여 고심한다. 사람 사이가 흔들리면 그게 바로 내 아픔으로 품게 되곤 한다. 저항보다 무조건적 수용 쪽으로 기울어 종내는 슬픔이 되기도 한다. 덩달아 쉬이 자책하는 수가 있다. 깊은 사유는 사려분별해 좋은 것이나, 그 체계가 섬세해 원래대로 하려는 편집偏執으로 가려 하니 경계하기에 이른다. 일몰 직전 노을이 고운 이유가 흥미롭다. 실제 옥상에 올라 저녁놀을 자주 보고 있다. 일몰이라 곱다. 이어지는 모색暮色이 나를 삼매로 밀어 넣는다.

내 겉과 .속을 번갈아 보다 눈길에 잡히는 게 분명 있다. 이런저런 현저한 변화가 내 행복의 표면적을 줄이고 있다는 사실의 발견이다. 심상한 일이 아니다. 내 겉의 가시적 변화나 내 안의 심리적 흐름이 나를 기쁘게 하거니와 때로는 몹시 쓸쓸하게도 하는 탓이다. 어쩌면 이런 안팎으로 나타나는 달라짐의 조짐은 오늘이라는 시간을 붙들고 있는 내게 정서적으로 상당한 문양을 새겨 놓을 것이다. 그냥 두 손 내리고 얌전히 앉았을 턱이 없다. 행 · 불행에 간여할 것인데.

누구는 행복을 '공허함'을 채우는 것이라 했다. 백면서생이 어쩌자고 물질적인 부를 부질없이 들먹거릴까. 공허함이란 마음에 차지 않거나 모자람일 것인데, 그것을 채우는 것은 기쁨이고 넉넉함이고 푸근함이면 되는 것이다. 안력이 벽에 부딪힐 때는 세상이 잘 보이게 안경에 렌즈를 바꿔야 한다.

나는 내가 행복하단 쪽으로 상당히 기울었다. 틈틈이 전정가위를 들고 정원의 나무로 다가가 수형을 다듬는다. 무턱대고 손을 대지 않고 나무에게 말을 걸면서 가위질을 한다. 이발하고 온 날 거울에 나를 비춰보다 정원의 나무에게 다가선 게 한두 번이 아니다. 조형미는 일상 속 뜻밖의 행복이다. 웃자란 나무를 타지 못해 올핸 아들 친구의 손을 빌렸다. 행복 한 귀퉁이가 축난 기분이었다.

늦가을, 앞마당에 소국이 무덕무덕 피어 작은 꽃 숲을 이뤘다. 꽃색이 순금보다 더 노래 하루 몇 번을 불러 세워 놓는다. 그냥 노란 게 아니다. 산수유, 개나리, 유채꽃에 비할 바 아니게 샛노랗다. 색이 노라니 그 향도 짙다. 또 꽃 시절이 어지간히 길어 초겨울로 이어진다. 먼 데서 바라보고 가까이 다가가 눈으로 어루만진다. 행복은 먼 데서 찾을 게 아니다.

쓰다 상이 고갈되면 잔디마당을 배회한다. 골똘해도 내리지 않으면 내릴 때까지 마당 둘레를 작정하고 맴돈다. 꼬투리가 잡히면 책상머리에 앉아 한글로 기호화한다. 시는 백지에 만년필로 쓰고, 수필은 자판에 열 손가락을 얹어 엮어 간다. 신문 칼럼도 매주 내보내야 하니 만만찮다.

꾸역꾸역 쓴다. 소재가 뜨지 않으면 사고의 궤적을 따라 흔적 하날 끄집어내기도 한다. 좋은 글을 쓰려는 욕구가 간절하면 글에만 집중하게 된다. 한 편의 글이 탈고를 향해 치달릴 때 나는 열락에 들떠 심신이 전율한다. 글은 쓸수록 어려운데, 글을 쓰는 순간순간을 시종 들떠 있다. 글은 내 인생의 실현이면서 세상 속으로 걸어가는 회로이고 바라보는 창이다. 공허함의 대부분을 글쓰기로 채운다. 나는 글을 쓸 때 행복하다.

내 행복의 표면적은 줄어들지 않았을 것이다. 글쎄, 다소간 줄어들었더라도 실지失地는 없다. 머리가 돌아가고 손가락이 움직이는 언제까지 이만한 내 영지領地를 거느리고 싶다. 글밭의 영주領主로서.

(2018)

공감共感

갓난이가 옹알이를 한다. 세상으로 내보내는 단순 표현에 무슨 기교라곤 들어 있지 않다. 천진한 감정덩어리다. 숨 고르다 무심결 입 열고 뱉어내는 거기 티 하나 내려도 흠이 될 그 순수, 짜장 기분이 좋아 새어나온 생명 최초의 음성기호. 어미의 싸고 안은 체온에 싸여, 나지막이 보드레한 목소리를 감지하고 있다는 첫 인사, 첫 인증이다. 저를 향한 어미의 음색에 귀 세울 줄을 알다니 놀랍고 신기하다.

얼마 지나면서 초롱초롱 고운 눈망울에 빛이 고인다. 눈이 별처럼 빛난다. 풀잎에 맺힌 이슬보다 해맑다. 반짝인다. 다이아몬드를 갈아 알갱일 부어 넣는다고 저리 빛나랴 싶게 반짝인다. 아기를 깊이 품은 어미 얼굴에 살포시 퍼지는 아침 햇살 같은 미소. 방안에 남실대는 배냇냄새. 어미와 아기는 떼려야 뗄 수 없게 한 몸으로 부둥켜안고 있다. 공감이다. 공감은 벅차고 따스하고 포근하다.

공감은 대상 속으로 스미는 것, 돌기처럼 돋아난다. 그건 끝내 마음자리로 스며들어 함께 뜨고 가라앉는다. 감정이입이라, 종국엔 더 뜨겁게 다가가는 길이다.

직감만으론 되지 않는다. 거기다 상상을 얹을 때 싱그럽게 움터 일어나는 울림이 공감이다. 자아를 넘어 조장되는 맹렬한 감정의 충돌 현상이다. 여러 번의 시도 끝에 강렬해지는 그것은 흡사 고사리손이 사금파리 두 쪽을 쳐 내는 빛과 흡사하다. 어둠 속의 선명한 존재감, 그 빛은 오밤중이라 작아도 날빛이다.

눈이 눈을 맞추고 가슴이 가슴으로 열릴 때 요동치는 감동의 너울은 때로 주체하기 힘들어 가슴 팔딱이게 한다. 좀 더 끌어올려 울컥울컥 쾌감에 내몰리기도 한다. 포식하지 않았는데도 포만하다. 바닷물 몰려 넘치는 둘레에 갇혀 작은 어선 몇 척 출랑거리고 있을 느슨한 만조의 정든 고향 포구, 그 한적한 정경이 떠오른다. 긴장에서 달아난 이완은 행복감을 안긴다. 공감의 효과다. 그것엔 분명 현실을 신나게 부추기는 힘이 있다.

겨울엔 안 보이던 것이 보인다. 잔디마당을 거닐다 문득 멈춰 섰다. 모퉁이 작은 소국 숲에 가 있는 눈길이 떨어지질 않는다. 한때였다. 샛노랗던 꽃들이 삭풍에 졌고 잎은 구겨져 추레하고 줄기는 까맣게 말라 비틀어졌다. 밤낮 바람에 저항했던 자취만으로 작은 생명들의 마지막은 비장했다.

검불이 된 소국을 낫으로 베어 내려 다가앉다 소스라쳤다. 개체가 뿌리박은 곳곳에서 새싹이 새파랗게 솟아나고 있잖은가. 소국은 죽지 않았다. 죽은 것에서 싹이 돋아나고 있었다. 생과 사가 과거와 현재로 극명히 선을 그으면서 진행 중인 세대교체의 현장. 그만 말문이 막히고 말았다. 생명처럼 숭고한 것은 없다. "국화야, 너는 어찌 삼월춘풍 다 보내고 낙목한천에 네 홀로 피었나니, 아마도 오상고절은 네뿐인가 한다"고 국화를 찬탄한 옛시조를 떠올리는 순간, 찬바람에 코끝이 아리다.

소국은 시종 침묵 모드다. 흔하디흔한 말도 일절 않고 실행으로 보여 주고 있다. 연기하는 게 아니다. 혹한에도 생존에 대한 갈망이 잎을 피워 올려 파랗다. 나는 시들어 나달대는 마른 잎과 새잎의 교감을 보며 가슴 뭉클했다. 쏴아, 명을 놓은 묵은 것과 명을 잇는 새것 사이에 출렁이는 공감의 물결이 와락 내 안으로 밀려든다.

크게 공감했다. 소국 새싹 위로 무엇이 어른거리더니 금세 맑은 소리 들린다. 갓난이 옹알이.

(2018)

십 년 뒤 2

나이가 시키는 일일까. 공연한 저항일지도 모른다.

인생에서 십 년을 따로 떼어 내 글을 쓰는 건 거북해 찝찝한 느낌이다. 이전 같았으면 머릿속에 건들바람 드나들 작은 창 하나쯤 열어 놓을 것이다. 앞뒤를 재고 생각할 그만한 여유는 있을 테니까.

한데 아니다. 지금은 객쩍다. 그런다고 십 년 뒤를 눈 감고 있을 건 아니다. 달리 예단하지 말고 이냥 이대로 가면 되려니 함이다.

내남없이 다 그런 것인데, 등 굽고 걸음 굼뜨고 말 어눌할 거라 늙음에 야유하려는 게 아니다. 그게 자연한 일이니 그러려니 해 거둬들이면 그만이다. 심상찮은 변화가 코앞에 와 있어 문제다. 에너지 누수현상이다. 몇 차례 집을 옮기며 벽에 빗물이 새는 걸 신물 나게 겪어선지, 줄줄 몸에서 새는 힘의 현저한 유실이 마뜩찮은 요즘이다. 심상한 일이 아니다.

몸의 쇠락이 눈에 들킨 지 오래다. 부위에 따라 다르다 하나 대체로 퇴행성이란 이름을 다는 것들이다. 뼈대만 해도 이백 여섯이다. 여태 삐거덕거리지 않고 온전하겠으며, 유기적 맥락이 원활하기를 바라랴. 어간의 노고를 얼러 가며 조금만 더 버텨라 갈구하기에 급급하다. 나중엔 대놓고 애원하게 될지 모른다.

늙음이 한도를 넘어서면, 고단한 몸을 끌고 몇몇 간이역을 지나 삽시에 종착역이 다가올 것에 잔뜩 긴장해 움츠린다. 홀연한 무화-육신의 완전 소멸은 누구나 비켜설 수 없는 엄혹한 통과의례다. 그러고 보니 참 덧없는 게 인생이다. 받아들여야 할 일인 걸 잘 알면서 쩔쩔 매고 있으니 철학의 부재다.

근본에서 나를 돌아봐야 할 때가 됐다. 생사에 대한 경직된 사고를 유연케 해 줄 변곡점은 언제쯤 내게 오나. 나를 다스릴 철학이 갈급해졌다. 음습하고 으스스한 그 공포에서 풀려나고 싶다.

십 년 뒤면 2030년 문턱. 나는 훨씬 몸이 부자유해지고 정신도 부옇게 흐려 있을 것이다. 고단한 몸이 몹시 흐느적거릴지 모른다. 버스에서 내려 오르막 고샅을 오르며 몇 걸음 걷다 '아이고 다리야'를 연발하게 될 걸 상상하면, 덜컥 겁이 난다. 숨이 턱에 닿아 요동치는 심박이 마음까지 휘저을 것인데.

숨 몰아쉬며 문간에 이르러 부를 이름이 있어야 한다. "아이고! 당신?" 하며 마당을 가로질러 한걸음에 달려와 줄 내 생의 마지막 사람-그 정인이 없다면 참 허망하겠다. 뼛속까지 저릴 것을, 그 고독을 어찌하랴.

이럴 때 사람들은 대체로 외로움의 고통을 종교에 의탁할 것인데, 내게는 신앙이 없다. 떠날 때를 눈앞에 두고 허겁지겁 그문 앞으로 다가서면 종교는 더욱 낯설 것만 같은 이 삶과 종교의 이상한 괴리. 불심 깊은 아내가 하고 싶은 의식에 따라 영혼이 비우고 떠난 나를 건사하리라. 하긴 관음사 영락원에 우리의 자리를 마련해 놓은 게 이태 전이다. 산중이라 고즈넉한데다 목탁소리 조석으로 천년 숲을 흔든다. 염불소리에 숨죽이게 할 적막 그리고 고요.

이제 고3인 큰손녀가 시집가 그 이듬해쯤 증손을 품에 안겨 줄 건 아닌가. 4대를 누리는 복락을 벌써 꿈꾸고 있으니 이건 아무래도 분외의 욕심인 것 같다. 젊은이들이 이것저것 포기하는 세상이라 어떨지 자신할 일은 아니나 내 손녀는 집안 내력으로 잘해 내리라 믿는다. 고1이 된 둘째 손녀, 중3인 손자 그리고 중학교로 진학한 막내손녀까지 나이를 먹어 어른으로 제법 철이 들면 마음이 놓이겠다.

걔네들 아빠-한 살 터울 두 아들이 앞뒤로 환갑에 이를 걸 생각하면 혼란스럽다. 피할 수 없는 일이다. 나만 늙고 아들은 아이로 있기를 바라는 건 말도 안된다. 지금 희끗한 아들들 귀밑머리 온통 허옐 것이거늘.

십 년 뒤에도 책상머리에 앉아 있을까. 묘사하고 싶은 풍경이고 자화상이다. 글 없으면 삶이 아니니 쓸 수만 있으면 쓸 것이다. 다만 그때가 되면 행여 내 글이 가파르게 퇴락해 있을 것 같아 민망하다. 추레하게 퇴색한 추억의 갈피에서, 기억의 방을 떠난 말들이 어깃장을 놓아 몹시 곤혹스럽게 할는지도 모른다. 긴장이 빠져나간 헐거운 문장이 내 문학의 작은 기반마저 밑동에서 흐트러뜨리지 않길 빌고 싶다. 갑자기 목이 마르다. 한 움큼의 물로 영혼의 갈증을 풀어 줄 손 어디 없을까.

책도 더 내고 싶다. 철학 부재의 허한 정신에서 벌떡 깨어나 글쓰기에 매진해야 하는 이유다. 쓰는 속에 철학적 소성小成이 있다면 한 톨까지도 책에 담으리라. 그걸 책 구석구석 아기자기한 문양으로 그려 넣으리라.

십 년 뒤는 가정법이다. 십 년이라는 그 세월 속에 내가 존재하지 않을 수도 있다. 말이 십 년이지 내일도 내 시간이 아닐 수 있다. 생이란 그런 것이다.

단안을 내리진 말아야지. 혹여 그 이후도 그냥 걸어라 명하면 속절없이 걷는 수밖에. 하라는 대로 할 것이라, 예단할 일이 아니다. 그때야말로 진짜 몸이 작아지고 가볍고 머릿속도 단순해 있을 것이지만, 아서라, 그때 근심은 그때 가서 하리라.

(2019)

읍내 동산 집에 걸린 달력 1

내 누옥은 바람 센 날 까마귀 떼 지어 나는 '까막동산'에 있다. 섬 동쪽 읍내, 이곳에 살아 서른 해, 시내가 가까워 나들이 편하고 정든 터수로 하면 이젠 고향이나 다름없다.

여기, 나만의 삶과 노래와 로망과 서사가 있었고, 지금도 그것들 소소하게 남실대며 흐른다. 늘그막, 마음 벽에 달력을 걸었다. 내 인생의 달력, 자연의 달력이다.

1월_ 동산 집으로 삭풍이 몰아쳐도 정원의 나무들 휘청댈 뿐 뼈 세워 꼿꼿하다. 참새 무리 지어 요설로 조잘조잘 까불며 마당을 쪼다 바람결에 파르르 산지사방으로 흩어졌다 도로 한 덩이가 된다. 소리, 숨결, 몸짓이 소통의 언어 하나에 연합하는지 기막힌 동행이다. 공중에서 서너 번 굽이치더니 삽시에 하늘가로 가물거린다. 두어 마장 숲속 푸석한 땅에도 노란 복수초 피었겠다. 가 봐야지. 얼어붙은 천지에 새와 꽃은 훈김이다.

2월_ 백매나무 빈가지 몽우리 봉곳봉곳 물오르는 기척에 여러 날 가슴 울렁댔다. 새벽녘에 동창을 열었더니 눈빛 꽃들 활짝 피었다. 하도 순일해 숨죽이는데 덤벼드는 매운 향에 내 안으로 이는 파장.

2월 자국눈 위 저 이적, 연년이 버그러지지 않으니 나를 돌아본다. 겨울의 끝물에 꽃잎 한 장 내민 적이 있었나. 신산하다 투덜대기만 했지 궁리는 않았고, 입을 줄만 알았지 바람 앞에 발가벗지 못했다. 남루도 벗어 문학이다.

3월_ 마당 둘레 가시오가피 움틔우느라 낯붉힌다. 그에 질세라 군락을 이룬 개나리 숲 어느새 만개해 울 밖을 기웃거리기 시작한다. 건장한 장정처럼 바투 서 있는 자목련 보드라운 가지 탱탱한 걸 보니 올여름도 잎 그늘 넉넉하겠다. 직박구리 한 쌍 끝가지에 앉더니 마당으로 가파르게 내린다. 우는 소리는 거칠어도 자주 들락거리니 한 식솔 같다. 무료한 날엔 외려 소란하던 소리마저 그리우니 깊지 않은 속정은 나도 잘 모른다.

4월_ 반나절은 마당을 거닐며 시간을 버리고, 하오엔 하늘을 우러러 한 조각 꿈을 줍는다. 땅을 보던 눈이 하늘에 가면 수평 수직이 교차하며 만나는 지점으로 사색의 실마리 하나 파닥인다. 세상 이곳 저곳 훑던 눈에 날개를 달아 심신이 날것으로 물을 튕긴다. 땀땀이 자수로 삶을 뜨다 보면 문양이 다채로워 대상으로 스미는 시선이 깊다. 가뭄엔 심층으로 뿌리 내리는 나무같이 사랑에 목마를 때, 철학은 심오해야지. 책을 편다.

5월_ 훈풍에 마당이 감꽃으로 분분하다. 산으로 난 과수원 길을 걷는데 코끝 얼얼해 발담에 다가서니 귤 밭에 너울 이는 감미한 귤꽃 향기. 장미의 고혹에 잔뜩 기울어 화석화한 관념이 본질을 덮어버리는 건 고질적 오류다. 아잇적 삘기 뽑으며 시간 가는 줄을 잊던 옛 동산이 난개발에도 남아 있다니 문득 그립다. 달려가 등성이를 오르내리며 하루를 지치게 놀고 싶다. 유년이 사라진 자락에 고인 적막처럼 아름다운 건 없다.

6월_ 첫더위에 송송 맺힌 콧등의 땀을 훔치는데 홀연히 휘파람소리가 난다. 조밭 초벌 매던 날, 바람 한 점 없는 첫여름 뙤약볕에 움푹 팬 사래 긴 밭이었다. 어머니가 서툰 휘파람을 불자 지척의 애솔밭에서 바람 한 줄기 와 이마에 서성댔다. 호미 든 채 졸음 쫓던 아이 눈이 동그래졌다. 아무 말 않고 웃기만 하던 어머니 손놀림이 또 재어 갔다. 등 뒤에서 장끼란 놈 푸드덕 날아오르는 서슬에 여름하늘 한쪽이 기우뚱했다.

7월_ 아잇적 마당에 거적 깔고 누우면 쏟아지던 밤하늘의 별들. 그것들을 더듬으며 헤고 또 헤다 잠들면 꿈에 동화 속 주인공이 됐다. 마당에 내려 밤하늘을 올려보니, 별자리는 눈에 들어오지 않고 북두칠성만 머리 위에 걸려 있다. 별을 헤지 못 해선지 잠마저 실종돼 버린다. 이따금 별을 봐야지. 이슥한 시간, 옥상에 올라 바다에 줄지은 집어등을 바라본다. 딴 세상 대낮 같다. 밤바다로 투망하는 어부들을 지켜보며 무심히 서 있다.

8월_ 마당 남쪽에 멀꿀을 올려 작은 숲이 됐다. 돌탁자를 품어 그늘이 넓고, 바람이 선선하니 청량감이 감돌아 더위에 호사하겠다. 노상 언어를 덖어 내는 내 존재의 집이다. 영감이 내리는 곳이라 엉덩이를 디밀면 몰입한다. 동백나무에 앉은 동박새 한 마리 뚫어져라 정시하더니 호로록 숨는다. 경계심 높은 녀석처럼 내 글쓰기 둘레를 서성이던 어휘 하나 도망질할라, 포획해 목사리로 묶는다. 다 내려놓고 바다로 달려가고 싶다.

9월_ 여행한 지 오래다. 떠나고 싶어도 충동질만으론 안되는 게 여행이다. 이 나이에 손 벌리는 건 그렇다. 신세진다기보다 누구든 힘들게 하지 않는 게 염치다. 신이 인간에게 내린 차별적 예우가 직립이다. 등 굽고 허리 휘어도 다리는 곧추 세우고 싶다. 이 섬에도 가 보지 못한 곳이 적잖다. 이틀쯤 나그네로 걷다 어느 낯선 마을에 묵으면 어떨까. 책 읽듯 하는 것이지 멀리 가야만 하는 건 아니다. 떠났다 돌아오면 여행이다.

10월_ 즐기지는 못하지만 올렛길의 절정은 이즈음일 테다. 한 해가 기우는지 따라나선 그림자가 겅중 길다. 이마적엔 바다보다 역시 산과 들이다. 산길 들길에서 쑥부쟁이 모도록이 피어 있는 것만 만나도 된다. 이울어 누운 풀밭을 하루쯤 맨발로 걷고 싶다. 사람 눈에 난 들꽃인데 연민하지 못할망정 혐오하진 말자 해 나선 길이다. 꽃들 어루만지다 돌아선 눈앞으로 이글이글 타는 노을이 곱다. 나도 언젠가 저렇게 불타리라.

11월_ 갈바람에 가랑잎이 몰려다닌다. 저걸 가을서정이라 하나 그것들 따라 흐르던 눈에 오는 애틋함은 차마 떼지 못한다. 질 게 지며 확립되는 질서가 자연이다. 낙엽도 순환구조 속의 질서다. 마당에 수북한 것을 그러모아 나무 아래 덮으면 위로 서리 내리고 눈이 쌓인다. 겨우내 썩어 부엽토가 돼 깡그리 태어난 곳으로 되돌아간다. 죽음이란 온 곳으로 돌아가는 것, 의식일 뿐 두려워할 것은 아니라 한다. 그것에 통달해야지.

12월_ 얼음 얼게 춥다하니, 추위를 견뎌 온 길을 톺아가며 돌아본다. 또 한 해의 소멸이 아쉬울 무렵, 이렇게 발칙할 수가 있나. 쇳덩이같이 견고한 내 심지心志를 한 방에 허물려 들다니, 마음 무거워도 웃음이 해맑은 손주들 불러 품으면 구름을 탄다. 지난 일 년 동안 쓴 글들을 샅샅이 뒤적여야 한다. 늘 그랬듯 갈무리를 위한 마지막 수순이다. 책상 물리고 벽에 기대도 되는 일이다. 웬 그리움에 잠은 오지 않겠지만, 좀 쉬자.

(2019)

읍내 동산 집에 걸린 달력 2

내 누옥은 도시를 벗어난 읍내에 있다. 140평 터에 집 25평이다. 높은 동산에 20여 세대가 모여 동네가 됐다. 처음 집을 갖게 된 젊은이들에 한 축 끼어 있던 나는 그때 나이 쉰의 문턱이었고, 이사로 열댓 곳을 신물 나게 전전한 뒤였다. 다시는 짐 싸 들지 않는다 했다. 그새 서른 해, 소소한 일들이 엮였다. 별난 건 아니지만, 그 소소한 것들, 개인사의 한 쪽에 남을 일들이다.

1월_ 작은 정원이 나무로 빽빽하다. 낙엽수가 많아 전정은 잎 진 뒤 한다. 감나무, 자목련, 모과나무, 매실나무, 이팝나무… 옥상을 넘보니, 일이 쉽지 않다. 낙상 위험이 따르지만 놔두면 조잡하다. 큰아들이 친구 서넛을 불러와, 나는 처음 구경꾼이 됐다. 어수선했더니 조발한 것처럼 단정하다. 딴 집 같다. 그냥 보내지 못해 하자 저들끼리 술 한 잔 한단다. 마당에 걸 자란 초본은 내 손으로 정리했다. 잔디마당 둘레도 추슬러야 한다.

2월_ 15년 전, 칠판 등지고 선 지 44년. 퇴임했다. 도교육청 회의실에서 퇴임식이 진행됐다. 사범 동창 10여 명 초등 교장들과 함께 황조근정훈장을 받았다. 감회에 벅찼다. 중등교장은 이용익과 나 둘이다. 큰아들 내외와 작은며느리가 축하해 주었다. 작은아들은 수습의 과정이라 서울서 못 내려왔다. 이용익 교장이 기념촬영을 하자해 한 컷 남겼다. 그와는 동인脈 회원이다. 향기 맵싸해 다가섰더니, 동창 앞 백매가 눈부시다.

3월_ 큰손녀 지은이가 초등학생이 됐다. 아빠는 의사, 엄마는 교사, 둘 다 출근해야 하므로 우리 내외가 손녀 손을 잡고 나섰다. 학교가 아파트에서 10분 거리다. 한라초등학교 1학년, 지은이는 깜찍하게 귀엽다. 손잡고 있으면서도 부모가 아니라 서운해 할지도 몰라 시종 개의 눈치를 봤다. 교실에 들어가 참관했다. 담임선생이 일일이 눈을 맞추며 학교생활을 안내해 준다. 젊은 여교사인데 잘 이끈다. 지은이가 올해 여대생이 됐다.

4월_ 잊히지 않는 노래가 있다. '목련꽃 그늘 아래서 베르테르의 편질 읽노라. 구름꽃 피는 언덕에서 피리를 부노라. 아아, 멀리 떠나와 이름 없는 항구에서 배를 타노라'. 학생시절에 부르던 풋풋한 '사월의 노래'. 부르는 데만 열 올렸던지, 늦게 목월 시인 걸 알아 정겹다. 시인이 창간한 『심상』으로 등단한 연이 있다. 옥상에 올라 바다를 보며 부른다. '꽃그늘, 구름꽃, 피리, 이름 없는 항구'가 현악기로 우는 바다. 운율을 탄다.

5월_ 〈섬마을 선생〉이란 가요가 있다. 섬 처녀가 총각선생을 사모하는 순정에 가슴 아리다. 5·16이 일어나던 그 해 그 달, 1961년 5월 1일에 섬마을 선생님이 됐다. 갓 스무 살, 우도 가는 도항선을 탔다. 2학년 담임선생, 가슴이 울렁거렸다. 섬에서 봉천수를 먹으며 7

개월간 재직했다. 병역을 마치고 복귀하는 분에게 밀려나던 임시 교사직이 서러웠다. 그때는 물결소리만 들렸는데, 몰려드는 관광객으로 들끓는 명소가 됐으니 놀랍다.

6월_ 한 해의 반환점에 당도했다. 온 길을 돌아보고 갈 길을 내다본다. 온 길엔 흔적도 남지 않고 갈 길은 표점이 없어 막막하다. 과거가 등을 돌리면 미래도 돌아앉는가. 두 시제의 접속이 묘연하다. 오래 살아왔는데도 삶이란 노상 서두르니 남 탓할 일 아니니다. 관법의 부재는 철학이 부실함의 적나라한 노정이다. 책을 읽어야 하는데 몇 줄 읽노라면 눈이 흐리고 머릿속이 아연하다. 책을 덮자, 바다를 끼고 걷다 오면 좀 나을까.

7월_ 이왕 달아오르는 터라 더위가 기세등등하겠지만, 맘먹기에 달렸다. 첫 대면이 서먹하듯 첫 더위도 그런 것. 이만한 날씨 하나에 매여서야 나이를 헛먹어 은 것이라 흔들리지 않으려 한다. 옥상에 올라 묵직한 산을 등지고 바다로 눈을 보내면 무심한 바람도 와 머문다. 더워도 철이라서 그런 걸, 자연을 탓할 건 아니니다. 이치를 꿰찰 나이다. 순리를 따르면 역리가 들어서지 않는다. 왤까. 나무에서 매미소리가 나지 않는다. 변고다

8월_ 에어컨을 벽에 걸어준 아들이 왜 안 켜느냐 투덜대나 웃기만 한다. 덥긴 하지만 마당에 있는 멀꿀숲 그늘에 앉아 하오 한 고빌 넘긴다. 바람도 그늘로 오니 지낼 만하다. 여름마다 해 오는 버릇이라 올해도 그만한 터수면 나게 되지 않을까. 적어도 온열환자로 낭패사는 일은 없을 테다. 아잇적 자연에 맡기던 내서법대로 해도 될 것

같다. 가성비를 따지는 것도 아닌데, 두 아들에겐 말해도 꼰대라 할 것이니 이건 분명 문제다.

9월_ 추석은 음력이라 대개 이 달에 들어온다. 차례 지낸 뒤 가족이 함께 성묘했었는데 근년 들어 주춤한다. 기상 이변이 심해 종잡지 못한다. 산길이라 며칠 전 비가 오면 진흙길이 진창이 돼 딛지 못한다. 그래도 명절날인데 이러는 건 예도가 아니라 마음에 걸린다. 선산이 아른거린다. 설 때는 추위에 더 어려우니 요번 추석부터는 무리해서라도 다녀와야겠다. 손주들에게도 중요한 교육이다. 바람 건듯하다. 사색에 들면 어떨까.

10월_ 생일이 음력이라 이 달 하순쯤이 된다. 어머니 살아생전 생일마다 해 주던 반지기가 생각난다. 서속밥 안친 솥 구석에 좁쌀과 산도가 섞인 양은그릇을 넣으면 잘되던 그 밥. "생일이구나. 먹고 학교에 가거라." 눈 비비는데 밭으로 잰 걸음이던 어머니. 지금도 생일날이면 그 목소리 들린다. 사랑이 담긴 밥이었다. 어머니 생신날 식사 한 끼 변변히 대접해 드리지 못한 게 한이 돼 기가 팍 죽는다. 슬퍼하게 될 줄 미처 몰랐나.

11월_ 5일, 아내의 생일이다. 스물한 살에 내게 와 쉰일곱 해, 나를 헌신적으로 사랑해 온 아내에게 아무리 뒤적여도 변변히 해 준 게 없다. 여태 무얼 하며 살았는가. 이 사람에게 좋은 옷 한 벌 사 입히지 못했으니 안타까운 노릇이다. 눈으로라도 따뜻하게 웃어 주어야 할까 보다. 배 타고 멀지 않은 내장사나 백양사에 가 단풍이나 보고 오자 할까. 아내가 웬일이냐며 좋아할 것이다. 절정일 때를 놓칠지 모르니 서둘러야 하겠다.

12월_ 읍내 동산 집에 걸린 달력이 달랑 한 장 남았다. 한 해의 가뭇없는 소실에 마음 스산하다. 가 버린 해는 돌려놓지 못한다. 일 년이란 날들을 달력에 걸어놓고 곶감 빼먹듯 또 외상없이 써 버렸다. 마른 잎은 바람에 사각이기도 하는데 시간은 소리 없이 스러질 뿐이다. 시간이 지난 뒤엔 잔상도 잔해도 없다. 정 떼려 작정하고 떠나면서 무슨 말을 할까. 다시 새해가 눈앞이다. 부질없어도 동산 집에 새 달력을 걸자. 삶이다.

(2020)

6_달력은 시간을 방전한다

살았던 집

내가 소유하던 것이지만 내게서 떠나면 그날로 남의 것이 된다. 사소한 것이면 애착이 크지 않지만 살던 집은 다르다. 내 문패를 달았던 집일 때는 더욱 유다르다. 집엔 정과 추억이 깃든다.

나는 시내에서 열 번도 넘게 셋집을 전전하다 세 번 집을 사고 들어갔던 이력을 갖고 있다. 첫 집은 당시 문화주택이란 것으로 창고처럼 단순하고 무뚝뚝하게 지어진 집, 그것도 터가 집을 반분하며 분할하는 바람에 반쪽짜리였다. 그래도 내 집이라 이만저만 기쁘지 않았다. 그때 예닐곱 살이던 우리 아이들이 좋아서 집 안을 휘저어 다니던 모습이 지금도 눈앞에 삼삼하다.

몇 년 지나 집을 사고 이사했다. 두 번째 집은 한 언론사 편집국장이 지은 기와집. 동생 사업비를 대 준다고 보증 섰다 잘못되면서 급매로 내놓은 것을 연이 닿아 사들이게 됐다. 앞마당에 덩치 큰 감나무와 은행나무가 서 있었다. 뒤란에 작은 텃밭도 있어 가정집으로 제법 격을 갖춘 것이었다. 앞 처마에 잇대 응접실을 냈다 지붕에서 비가 새어 비만 오면 큰 함지로 빗물을 받는 난리를 겪었다. 그 일로 곤욕을 치르긴 했어도 우리 아이들 초등학생 시절을 엮었으니 걔들에게도 각인된 집이다. 은행나무의 노란 단풍이 고왔다.

세 번째는 삼성혈 인근에 있는 이층집. 초등 6학년이던 큰아들이 어느 날, "아빠, 우린 이층집에 살 수 없어요?" 한 게 와락 마음을 흔들었다. 기와집을 처분해 기어이 이층집으로 옮기기에 이르렀다. 돈이 모자라 빌리며 때우고 나니 허전했다. 이사해 얼마 뒤 전에 살던 기와집 동네가 상가로 형질 변경돼 땅값이 치솟았다. 그냥 눌러 있었으면 형편이 펴졌을 것인데, 뒤늦게 후회가 따랐다. 재물 운이 없었다.

내 신분 변동 따라 서울에 가 몇 년 살다 오면서 지금의 읍내 집으로 거처를 정해 스물여덟 해째다. 이층집은 팔아 일산에서 내려와 제주에 자리를 틀게 된 큰아들 몫으로 아파트 매입에 보태라 했다.

결국 살았던 세 집 모두 내 것이 아닌. 남의 집이 돼 버렸다.

첫 번째 집은 사들인 친구가 반쪽짜리 건물을 허물고 새로 지어 시간이 꽤 지나더니, 얼마 전 몇 억의 큰돈을 받고 팔았다 한다. 누가 주위 몇 필지를 사들여 아파트를 짓는다 했다. 한길 가까이 있어 값을 쳐 준 것이다. 머지않아 옛날의 그 터까지 빌딩에 묻히고 말 것이다.

두 번째 집은 상가 지목으로 바뀌면서 허물더니 여관이 들어섰다. 그 인근이 눈부시게 변화해 한번 갔다가 눈이 휘둥그레졌다. 우리 아이들 공놀이하던 길가 공터도 흔적 없이 사라지고 없었다. 정원에서 있던 감나무와 은행나무도 온데간데없다. 아이처럼 뛰는 가슴을 안고 오가는 차량에 밀려 돌아서 버렸다.

세 번째 집의 새 주인은 아내를 친언니같이 따르는 친근한 사이다. 마음이 통한다고 쉽게 거래가 이뤄졌다. 시내에서 볼일을 마쳤는데, 때마침 아내가 그 집에 있다 하므로 몇 걸음이면 되는 거리라 찾아갔다.

바뀐 대문이 낯설다. 좁은 앞뜰에 옥상을 넘보게 자란 두 그루 향나무가 옛 주인을 반긴다. 안주인이 반갑게 맞아줬지만 현관에 선 채 집 안을 훑어보다 나왔다. 확 달라진 분위기가 무척 낯설었다.

큰돈을 들여 리모델링했다 한다. 묵은 것을 가능한 데까지 모두 지우려 했을 것이다. 온통 새로워진 것이 내게 거부감으로 왔다. 불과 2,3분 눈 가는 대로 기웃거리다 아내와 함께 돌아섰다. 뒤에서 안주인이 환하게 웃고 있었다.

두 아들이 중·고등학교 시절을 보낸 집이다. 그러니까 젊은 날, 내 한 생의 정점을 찍었던 곳인 셈이다. 우리 가족 넷, 이곳서 얼마나 울고 웃고 했었나. 하지만 이젠 내 집이 아니다. 내가 살았던 집일 뿐, 남의 집이다.

몇 걸음 걸어 나오다 길이 갈리는 사거리 앞에서 힐끔 뒤를 돌아보았다. 내 나이 서른아홉 살 적 위 수술을 받으려고 세브란스병원으로 떠나던 날, 어린 두 아들이 문간에서 배웅했었는데, 멀뚱하게 서 있던 그 아이들이 보이지 않는다.

과속으로 차들이 스치며 지난다. 정신이 번쩍 든다. 걸음이 쉬이 떨어지지 않지만 어서 가야지.

(2018)

책상 앞 사진

내 책상 앞에 사진 액자 하나가 하얀 벽에 기대 있다. 사무용지 크기다. 에밀레종 앞에서 찍은 부부 사진이다. 쉰 한두 살 적 여행길에 경주에 들렀던, 그때의 기억을 소환하고 있다.

둘이 알록달록한 빛깔이 고운 반팔을 입고 있다. 커플 티셔츠다. 우리에게도 저런 시절이 있었구나, 감회가 밀려오는 걸 보면 그새 세월이 많이 흘렀다. 흐지부지해도 될 허드레가 아니다. 사진이 그 순간을 고스란히 현재로 가둬 놓았으니 어김없는 증명사진, 요즘 말로 인증 샷이다.

의아해 하는 눈이 새까만 머리에 가 있다. 아내는 지금도 검은머리 그대로지만, 아무래도 윤택이 감돈다. 허리가 뚜렷한 뱃살 없는 몸이, 눈을 닦고 봐도 내 몸 같지 않다. 아내의 팔이 뒤로 살짝 내 허리를 감았고, 내 왼팔이 아내의 어깨를 가볍게 감쌌다. 오른손에 수첩을 들고 있어 그즈음 글쓰기를 시작했던 일이 떠오른다. 수필을 쓰기 시작하면서 메모에 잔뜩 열을 올렸던 가쁜 호흡이 귓전으로 온다.

무심결, 책상 앞에 놓았지만 의식 속엔 아내에 대한 사랑의 마음을 이렇게라도 전하자 한 의중이 왜 없었을까. 십 수 년 따 놓은 당상으로 자리를 지키고 있어 책상을 받아 앉을 때마다 눈이 간다. 설령 밖에서 아침을 맞을 때도 이 사진이 놓여 있는 책상 풍경이 눈앞으로 아스라이 와 있곤 한다.

부부간의 사랑은 시간이 흐를수록 곰삭아 가는가. 말로 하지 않고 그냥 무언으로, 눈빛으로 주고받는 온기 같은 것. 그렇게 무르익으며 가파른 시간의 흐름에도 마음이 닫히지 않아 서로를 향해 마주 열어 놓는다. 그래서 노상 싱그러울 수 있는 게 아닌가 한다.

이 사진에 대해 아내가 한마디 말이 없음도 그런 흐름에 닿으리라. 사진 참 보기 좋아요 혹은 어떻게 책상 앞에 놓을 생각을 했지요. 꼭 말로 해야 하는 것이 아니다. 그런 게 부부의 사랑이다.

나이가 들어가면서 시간의 무게에 겹거나, 그런 감정의 격랑에 숨이 차 올 양이면 이 사진에 눈을 보낸다. 그러면 느닷없이 내가 사반세기 전으로 내달려 눈을 반짝거리고 있다. 말은 않지만 아내도 이따금 눈을 주며 회상에 잠기곤 하리라.

먼지가 내려앉았다. 물티슈를 꺼내 곱게 닦아야겠다.

(2018)

번지다

첫여름, 무풍한 날.

또 때가 아닌데, 툭,

연못가 늙은 수양버드나무에서 잎 하나 진다. 팽그르르, 공중에서 두어 번 재주넘더니 연못 위로 가볍게 내려앉는다. 낙하는 아이 키 높이, 더는 구를 여유 공간이 없었다.

연못 수면이 가느스름히 일렁인다. 물의 미세한 흔들림이 물 위에 몇 줄 자잘한 무늬로 번진다. 불과 서너 뼘쯤 나아가는, 소리 없는 파문이다. 어쩌다 눈에 들어왔지 지나쳤으면 그만인 작은 동요. 번지다. 물의 일렁임, 금세 사그라지고 말겠다.

우연인가.

번짐이 막 잦아드는 찰나, 뜻밖에 소금쟁이 한 마리 솨르르 물 위에 이랑을 내며 앞으로 흐른다. 저 딴엔 활개 치는지 일렁임이 양 날개를 펼치며 파장을 그린다. 제법 손 탈 줄 안다. 눈앞으로 펼쳐지는 정중동의 흔들림. 번지다.

연못은 적막으로 무겁게 가라앉고 고단한 시간이 저녁으로 하루를 닫고 있다. 심박이 한두 번 팔딱이다 금세 느슨해진다. 내게 더는 번짐이 없다. 연못에서 돌아선다.

서편에 타는 노을이 번져 하늘을 붉게 물들인다. 자그마치 무한 무변의 저녁 하늘, 선홍빛 곱다. 번지다.

문득, 인드라망網의 구슬을 떠올린다. 인도의 신 가운데 하나인 인드라 궁전에 있었다는, 무수한 구슬로 만들어진 그물, 인드라망. 그 구술은 수많은 것들이 서로를 비출 뿐 아니라 서로 연결돼, 하나가 흔들리면 다른 것들도 모두 흔들리고, 한 구슬에 빛이 들면 다른 것 모두에게 빛이 비친다. 서로를 비춰 함께 빛나는 놀라운 관계망이다. 번지다.

하나 속에 모두가 있고 전체 속에 그 하나가 들어 있으니, 차별 없어 평등한 세상이다. 인드라망이 거두어 낸 세계가 원융圓融이겠다. 화엄에 들다. 한데 통하면 모두 빛나 구별이 없다. 이것이 있어 저것이 있고, 저것이 존재하므로 이것이 생명으로 존재하는, 그래서 이것이 없으면 저것도 스러지고 마는 그것. 번지다.

몇 날 며칠을 두고 찾아낸 낱말 하나가 내 글에 작은 파장으로 흐를 수는 없을까. 한 낱말의 빛이 첫 문장으로 번지고, 그 빛이 잇대어 다음 단락으로, 좀 더 번져 결말로. 번졌으면. 인드라망의 빛처럼.

(2019)

어버이날 전날

어제부터 연일 비 날씨다. 잔뜩 흐린 하늘이 마련이라도 한 듯 줄줄 내리는 큰비다. 우산을 쓰고 옥상에 올라 먼 산 쪽으로 눈을 보낸다. 짙은 안개 기운에 뒤덮여 시계가 온통 부옇다. 큰 산도 어깻죽지에 거느리고 있는 작은 오름들도 안개가 싸안아 보이지 않는다. 해변에 이만한 비면 산에는 더 큰비일 것이다.

내일이 어버이날. 오래전부터 추석날 차례 지내고 나서 부모님 산소에 성묘해 오다 요 몇 해를 다녀오지 못한다. 추석 성묘가 뜻대로 되지 않으면 어버이날에는 꼭 다녀온다고 마음 다잡고 하건만 그마저 실행이 안된다.

몇 년째 성묘를 못해 마음이 여간 허전하지 않다. 이번 어버이날에는 기어이 산행하리라 했는데 또 부질없는 마음뿐이다. 평지가 비 날씨면 산엔 더 큰비로 흙이 여간 질퍽하지 않다. 묏자리가 다랑쉬오름 아래 기슭이라 토사가 흘러내려 길바닥이 엉망진창이 된다. 어느 해 무리해 갔다가 발이 푹푹 빠져 오도 가도 못해 곤욕을 치렀던 적이 있다.

이틀 간 내린 비에 하릴없이 포기하기로 하고 나니 쓸쓸한 마음이 와락 엄습해 온다. 그냥 먹먹하게 앉아 있다. 손에 일이 타지 않으니 아무것도 할 수가 없다. 살아생전에 제대로 모시지 못했으니, 나는 불효자다.

병원에 입원이라도 해 드렸다면 수를 더 누릴 수 있었을 것을. 그러지 못한 것이 두고두고 마음속에 한을 키운다. 오장육부 장기 어느 몸 깊은 곳에 삭이지 못하는 뻣뻣한 쇳덩어리가 들어앉은 것만 같다. 그게 가만있지 않고 움직일 때마다 그림자로 따라 나선다. 앞서지도 뒤서지도 않고 한 몸이 돼 붙어 다닌다. 어떻게 떼어 놓는 수가 없으니 평생을 안고 살아야 한다. 그래서라도 죄를 덜 수만 있으면 좋으련만.

보이지 않는 산 쪽에 한참동안 눈길을 보내다 옥상을 내려온다. 어제 오늘 '아버지, 어머니 용서하십시오.' 하고 수없이 중얼거리지만 소용없는 일, 돌아오지 못하는 먼 곳에 가 잠들고 있으니 대답인들 있을까. 무슨 염치로 당신들의 목소린들 들으랴. 오늘 내일, 두 손 내려놓고 지내리라

다시 독백을 이어 간다.

'어머님, 아버님, 차마 드릴 말씀이 없습니다. 용서하십시오.'

(2018)

내습자

길고양이가 문간을 들어서다 떡 멈춰 섰다. 허우대로 보아 하니 꽤 늙은 놈이다. 험한 세상에 어지간히 단련됐겠다. 황갈색 털이 오월 햇살에 윤이 난다.

현관을 나서다 눈 마주치는 순간, 멈칫한 건 내 쪽이다. “고양이를 만나거든 봐도 못 본 체해야 한다. 욕했다간 해코지하는 놈이다. 명심해라.” 문득 어릴 적 어머니 목소리가 귓전이다. 타닥 타닥 탁 발로 두세 번 바닥을 차는 시늉이라도 할까 하다 그마저 관뒀다.

톡 튀어나올 것처럼 노란 구슬 모양의 눈알에서 레이저 같은 빛을 쏘며 내 동태를 주시하고 있다. 강렬한 눈빛이다. 입 다물고 몸짓을 멈춘 채 녀석을 똑바로 바라보고 섰다. 예기치 못한 대치 상태다. 사람만 보면 얼른 몸을 숨기던 이전의 그 겁쟁이가 아니다. 언제부터인가 사람들과의 오랜 경험에서 경계를 풀어도 되는 것으로 하고 있는 그들. 저를 해치지 않을 것을 알아 무장해제한 모습이다.

무모한 일이라 느꼈을까. 잠시 뒤, 녀석은 등허리를 길게 늘이며 문간 밖으로 유유히 자취를 감춘다. 집에 기르는 개라고 착각할 만큼 느긋한 동작이다. 야반이거나 한낮 뜸한 때 몇 번인가 집을 나들고 있을 게 분명하다.

내습자. 나는 그를 그렇게 낙인찍고 있지만, 녀석은 자신을 그렇게 생각지 않을지도 모른다. 집 짓고 울타리 둘렀다고 주인 행세하는 인간을 영 탐탁지 않게 보고 있을 수 있다. 애초 하늘 아래 땅이라는 건 딱히 임자가 따로 있지 않았을 테니까. 왜 내가 쫓겨 다녀야 하느냐. 어처구니없다거나 아니꼽다고 항변하고 있는 건 아닐까. 조금 전 데면데면한 표정이 바로 인간에 대한 불복과 거부의 언어였을지도 모른다.

녀석들도, 사람들도 함께 살게 된 곳이라 이 대지 위에 발 딛고 하늘 아래 살아가고 있는 것이다. 각자도생하는 세상이다. 그런데 녀석에게 나가라 마라 불호령할 것이 아니란 생각이 선뜻 든다.

생전에 문맹이던 우리 어머니, 이 이치를 일찌감치 터득했었구나. '봐도 못 본 체해야 한다. 명심해라.' 한 그 말씀.

(2018)

교정지를 기다리며

가슴에 웬 구멍 하나 뻥 뚫렸다. 제대로 하긴 한 걸까.

작품집을 낸다고 원고 추슬러 출판사에 보낸 지 열흘쯤 됐다. 넘기고 나면 홀가분하려니 했는데, 웬걸 그게 아니다.

최근 3년 동안 써 둔 작품들을 줄 세워 놓고 고르느라 몇 날 며칠 눈에 불을 켰다. 그만그만한 것들이라 뽑아낸다는 게 쉽지 않았다. 나로서는 그게 그냥 쓴 게 아니었다. 다들 쓸 수밖에 없어 쓴 것들이라 나름으로 속이 찼다고 내게서 떼어 놓은 것이다. 천칭에 올려 눈금을 읽을 수도 없고, 튼튼한 씨앗을 고르는 것처럼 소금물에 띄우지도 못한다. 작품성의 경중을 계량화는 방법은 없다.

일단 떨어져 나간 것들을 도로 시렁에다 얹어 놓는다. 좁고 음침해 숨이 막히는 곳이다. 시집과 수필집을 동시에 내면서 겪어야 했던 고통은 하릴없이 곱절이 됐다. 시 80편, 수필 66편이 출판사로 올라갔다. 버려진 것이 배는 될 것이다. 언제 세상 속으로 내보내게 되리란 기약도 없다.

골치가 띵하더니 숨 막히게 들이닥친 고적감. 이미 예고된 것이었나. 이번 나가는 시집 이름처럼 '텅 빈 부재'다. 수필집 제호도 와중 속으로 발을 놓는다. 이름처럼 내 '마음자리'로 너울이 치기 시작한다.

시집 수필집 둘 다 일곱 번째다. 등단 25년, 그동안 내가 거둔 문학적 성과라고 수확하듯 거둬 놓은 것이다. 줄곧 칼럼을 쓰고 있지만 '본격수필'에서 일단 분리하고 있다. 칼럼 중 딱 한 편만을 수필집에 올렸다. 〈가파도는 섬으로 풍경이다〉. 거기엔 숨은 의중이 있었다. '칼럼의 수필화'를 표방해 온 내 잠재적 지향이 그것에다 방점을 찍었던 것이다. 신문글에 작품성의 불씨를 계속 지펴나가려 함이다. 칼럼에 문학적 의지의 확산이 이뤄지리라는 기대를 저버리지 않는다.

출판사에서 수필집 표지 시안이 왔다. '마음자리'는 형상화하기가 어려웠을 것이다. 디자인 담당자가 내 속내를 전화로 물어왔기에 우스갯소릴 했다. "마음은 추상이잖아요? 피카소 그림으로 하세요." 시안 여럿 중 하나에 낙점을 찍어 보냈다. 무지갯빛보다 더 찬연한 빛깔들이 마음자리로 용암처럼 흘러내리고 있었다. 특히 주황과 녹색이 강조된 듯하다. 선택은 한순간이었다. 흐물흐물 고운 빛들이 내게로 스며들고 어느새 내 마음자리가 그들을 반기고 있었다. 오케이 사인을 보냈다.

나는 지금, 출판사에서 보내올 초벌인쇄 교정본을 기다리다 컴퓨터를 열어 수필집 표지 시안을 보다 내 수필에 대해 생각에 잠긴다.

자연, 삶, 일상, 내면, 사상事象, 회고가 내 수필의 카테고리다. 식물 취향이 나무와 풀과 꽃을 많이 쓰게 했는데, 이즈음에 이르러 삶에 대한 성찰, 일상에 관한 새로운 해석, 또 내면세계에로의 철학적 천착의 확산 그리고 물상에 대한 존재론적 접근과 과거에 대한 재조명이 다양한 문양을 새기면서 나름의 점과 선과 색을 거기다 올리고 있다. 『마음자리』 표지화는 내 빛깔에 대한 최근의 선호를 담았다.

늘 그래 왔듯 이번에도 아내의 합의를 얻어 표지를 선택했다. 고운 채색 쪽에 동의하고 있는 아내의 웃음에 나도 고개를 끄덕였다. 늙으면 입성도 깔끔해야지만 추해 보이지 않아야 한다는 아내다. 색깔을 과도하게 쓴 것 같지만 나빠 보이지 않는다.

표지가 눈길을 끈다. 내 수필집 중에 가장 화려할 것 같다. 그런데도 분탕해 곱게 치장한 것 같지 않아 본래의 민낯으로 다가오는 순수가 좋다. 때로 마음자리가 감정의 기복으로 일렁여 형형색색인 것을 경험해 왔다. 저건 가식이 아닌, 진실이다. 그러니 거북하지 않다. 표제작 〈마음자리〉를 일독하고 그렸을 어느 손이 고맙다. 이심전심이란 이런 것이다.

『텅 빈 부재』, 시집이 더 힘든가. 표지 시안이 오지 않는다. 한참 고민하고 있을 것이다. '부재'는 아무 것도 없는 것, 말 그대로 허공에서도 만져지지 않는 '존재의 무'다. 어떻게 실재 아닌 그 존재 없음, 감각 없음을 구체적 그림기호로 매개할 것인가. 가슴 두근거린다. 작품을 송고한 뒤 일정 기간 주어지는 이런 시간은 기다림이 있어 좋다.

몇 번을 겪어 온 일인데도 조바심이 이는 걸 보면 이도 나이 듦인지도 모른다. 공연한 데 마음이 가 있고, 소소한 것들에 생각이 미쳐 종종거리기 일쑤니 그런다. 늙으면 어린아이로 돌아간다더니 그 말이 맞는 모양이다. 첫 작품집을 낼 때 무척 설렜고, 그 뒤는 무덤덤했었는데 지금에 들뜨니 모르는 게 사람 마음인가 한다.

아무려나, 교정지가 오면 꼼꼼히 보아야 한다. 오탈자며 오류도 있을 것인데, 설렁설렁 넘겼다 가슴 치는 일은 없어야지. 화려한 표지가 허사가 돼선 안된다. 교정지가 사나흘 뒤에 오면 어떠랴. 기다리자, 그새 숨도 고르고.

(2018)

쓸모

고유어 쓸모는 옹골찬 말이다. 유용한 것, 쓸 만한 가치가 쓸모다. 가치가 없으면 쓸모도 없다. 존재 가치가 없다는 얘기다. 그것은 있음에서 없음으로의 추락이다. 있던 자리에 헛바람만 들락거리니, 공허한 부재다.

나무는 쓸모가 많다. 목재로 쓰이는 중에도 오동나무는 고급이다. 가볍고 방습 · 방충에 무던해 장이나 악기의 소재로 쓰인다. 은 · 회백색 광택도 몫을 한다. 붙이로 타고난 재질이 사람의 호 · 불호에 의해 선택되는 경우다. 그만한 터수 아니면 고급스러울 수 없다. 운명이란 말이 그래서 나왔을 법도하다.

소나무는 목재로 쓸모가 많은 나무다. 옛날 초가 시절 아주 잘 나갔다. 들보에서 도리, 서까래까지 집 전체를 소나무로 엮다시피 했다. 잘라내 깎고 다듬어 쓰다 마지막 남는 가지와 솔잎도 쓸모가 있다. 아궁이에 들어가 땔감이 된다. 천년 푸른 솔의 기개란 상징성을 떠나 베어지면서 조건 없이 베푸는 나무다. 몸뚱어리를 다 내놓는 게 쉬운 일인가. 소나무는 육 보시肉布施한다.

사람이라고 다 사람으로 행세하지 않는다. 두뇌의 명석과 탁월한 능력을 말하려는 게 아니다. 일정한 관계망 속에서 한 분야의 혹은 어떤 조직의 구성원으로 구실을 제대로 하느냐는 것. 효율의 문제를 떠나 성실하게 몫을 하는 자세는 중요하다. 크든 작든 소용될 수 있어야 한다. 그게 쓸모다. 사람은 천인천색이다. 하지만 작게라도 전체를 움직이는 데 힘을 보탤 때 쓸모로 빛난다.

아름다운 숲을 들여다보면 나무 하나하나 다른 개체의 교집합이다. 말굽 모양으로 굽은 나무는 길마용이다. 구부러져도 쓸모가 있다. 아들 여럿 가운데 좀 처진 자식이 조상의 묘를 지킨다. 너른 세상으로 진출하지 못하니 집안에 남는 것이지만, 효도하라 타고난 팔자다. 그나마 가문을 위해 쓸모가 있다. 우리는 아직 그렇게 해 온 전통사회에 산다.

나는 요즘 들어 매달려온 글쓰기에 회의를 느끼고 있다. 시든 수필이든 쓰는 게 도대체 무슨 쓸모냐 부글거리는 이 석연치 않은 감정이 예사롭지 않다. 글을 쓴다고 돈 한 푼 나오느냐는 재화 가치의 비생산성에서가 아닌 데 문제의 심각성이 있다. 시집 일곱 권, 수필집 일곱 권을 동시출간으로 내놓았다. 현대수필가 100인선도 있고 저술로 수필작법도 냈다. 한데 이런 노역이 무얼 가져다 줄 것이냐 함엔 답이 구차하고 군색할 뿐이다. 인생은 짧고 예술은 길다지만, 내 글이 그 '예술'인가 하는 물음에 답하지 못한다. 웬만한 문제가 아니다. 한때 시간과 고투하며 순간들을 견뎌내기 위한 방편에서 썼지, 딱히 내 글들에 부여할 무슨 의미가 없지 않나 하는 생각에 이르러 슬프다. 허망하다.

면목 없어, 수 백 편에 이르는 내 글들 앞에 고개 숙인다. 유명 작가의 작품이라면 그새 몇 번인가 빛을 보았을 것을. 언론에 오르내리고 독자들의 입에 회자되고, 작가 김 아무개라고 찬사도 오갔을 것 아닌가. 이 대목이 무력감을 불러 헤어나지 못한다. 혼자 하는 게 문학이라지만 외롭다.

시인 수필가 각각 2,3만 명 시대라는 통계가 있다. 작가가 세상에 널려 있다는 말이다. 몇 사람 가운데 하나는 시인이고 수필가다. 작가가 많으면 시민의식이 정서적으로 고양된다는 긍정적 목소리에 섞여, 다다익선이라는 시각도 없진 않다. 압구정동엔 한두 집 건너 성형외과라는 논리다. 능력이 있으니 생존하는 것 아닌가. 현실은 냉혹해 실력이 없으면 살아남지 못한다. 하지만 문학을 의술에 빗대는 것은 무리이고 몰지각이다. 글은 병을 치료하는 기술이 아니다. 인간을 탐구하고 삶의 진실을 캐어 내려 고뇌해야 하니 문학은 보다 절박하다. 삶에 대한 궁극의 깨달음이 있어야 한다. 깨달음이 없는 글은 쓸모가 없다.

글 쓰는 사람이 자기도취에서 벗어나지 못하는 것은 치기다. 애착이 붙들더라도 내 글이 최고라는 생각에서 도망칠 수 있어야 한다. 준거 없는 과신과 덜떨어진 오만은 진화를 훼방 놓는 내부의 적이다. 그 싸움에서 이기려면 집착을 버려야 한다. 자신에게서 자유로울 수 있어야 한다. 글 앞에 겸손할 수 있어야 한다. 고민이 따르지 않은 글처럼 낯 따가운 것은 없다. 요즘 고학력 시대의 독자들은 매우 내명內明하다. 쏟아져 나오는 작품 가운데 양질의 것만 고른다. 편식이 아니라 영양식이거나 미식이다. 수준이 아니면 덮어 버린다.

울림이 없는 글은 밍밍하다. 가난하던 때, 헛배만 불리던 보리밥 같은 것이다. 내공이 없으면 깜냥에 갇혀 눈앞의 벽을 못 넘는다.

작가란 일가一家를 이뤘다는 인증이다. 쓸모 있는 글을 써야 작가다. 쓸모가 없으면 도로다. 자신의 문학에 대한 통렬한 반성과 성찰이 따라야 하는 이유다. 죽기 살기로써 봤자, 1930년대의 이 상과 유정을, 목월과 미당을 넘지 못하는 답보에 가슴 아리다. 글쓰기에 회의를 느낄 수밖에 없다.

쓰면 무슨 쓸모인가. 나는 지금, 지독히 좋은 글에 목마르다.

(2018)

잊지 못합니다

1월 중순, 동창 앞 매화나무가 일을 냈습니다. 아린이 감쌌던 두 손의 악력을 그만 놓아 버렸습니다. 하늘이 열리는 순간입니다. 천지개벽입니다. 실눈으로 바라보다 정신 번쩍 들어 한걸음에 다가가 킁킁 코를 벌름거립니다. 파르르 하얀 속살 드러낸 꽃망울이 찬바람에 몇 번인가 고물거리더니, 이내 진한 향이 작은 파장으로 떨며 솨르르 번져 옵니다. 갓 고개 쳐든 백매의 배냇냄새. 고 작은 것이 뿜어낸 맵싸한 기운에 시린 코끝이 얼얼해 옵니다.

섬에 눈이 없는 겨울입니다. 눈 없는 겨울은 단조한 혹한의 연속으로 음울한 겨울을 더욱 신물 나 진저리치게 합니다. 낙목한천에 하늬바람이 기세등등하군요. 몰풍스럽습니다.

참 가녀리군요. 갓 태어난 저 어린 것들이 고초당초보다 매운 추위를 과연 견뎌내기나 할는지 가슴 울렁거립니다. 거즈로 넉넉히 덮씌워 줄 이 있었으면 합니다. 두 손으로 감싸 가며 호호 입김을 불어 줄 따뜻한 가슴이 있었으면 좋겠습니다.

저것들은 결코 타자他者일 수 없습니다. 가녀린 생명인데요. 단지 우리에게 하나의 대상으로만 존재하게 방임해서는 안됩니다. 필요에 의해 거두거나 버려지는 일이 돼선 안되는 것이지요. 나의 양심과 나의 이해가 맞부딪는 순간, 갈등을 풀어내는 문법을 저들에게서 찾아야만 합니다.

사랑할 것은 사랑해야지요. 이제 밖으로 내보내어진 저 앳된 것은 누군가에 의해 보듬어져야 온당한 일 아닌가요. 겨울이 여린 햇살로 곁불을 놓아 주리라는 믿음이 있긴 하군요. 어둡던 하늘이 틈을 내며 구름이 걷히고 있습니다. 내렸던 손을 모아 하늘을 우러릅니다. 소리 없는 기도가 따스한 볕으로 바뀌어 가리리라 믿고 싶습니다.

나는 나이 들면서 과거로 역주행하는 이상한 편집으로 기울어 가는 걸 느낄 때가 있습니다. 치우치거나 쏠리지 않고 반반해 여유로웠으면 좋겠는데 말입니다. 그야 젊었을 때 미래만 내다보았기에 당연히 이젠 과거 쪽이라야 균형을 잡을 거라는 정서적 등가等價의 이치를 외면하려는 것은 아니지요. 그래도 그렇지, 노상 내가 태어나던 아득한 태생의 이력에 목매고 있어 하는 말입니다.

나는 이 세상에 태어나 고고성을 내지르던 일을 알지 못합니다. 막막할 뿐입니다. 문을 열면 열리는 소리에 귀가 띄는 것인데, 이건 도시 이상야릇하기만 하다니까요. 귓전에 내린 적이 없으니 내겐 그 소리에 대한 기억도 없다는 의미입니다.

다음으로 갓난이 때 어머니가 나를 당신 품에 처음으로 안아 주었던 기억도 실종되고 없습니다. 다만 그때의 편안함과 포근함이 기억 저편 영혼을 덮은 휘장처럼 깊은 자락에 아스라이 머물고 있는 것 같긴 하군요. 그것이 내 정서와 품성을 만들고 그 너머의 무의식과 본성마저 지배하고 있는 듯한데, 그것마저 확인할 길이 없습니다.

막연한 상상의 타래 속의 한낱 실오라기인지도 모릅니다.

그런데 그건 내 주변의 소소하고 여사한 일들과는 차별화해 있어요. 어떻게든 뇌리에 간직하고 있어야 할 것이라는 당연함 같은 것에 얽매 있는 것 같기도 하고요. 기억하지 못하지만 기억 이전에 누리었던 사랑과 냄새와 목소리가 간간이 나를 흔들어 깨울 때가 있어 더욱 그러합니다. 환한 웃음과 그 웃음이 풀어내던 맑은 소리 그리고 조심스레 다가오던 손길과 그 손길의 어루만짐이 자그마치 오늘의 나를 있게 했다는 찬연한 믿음이 있습니다. 특히 촉감, 보드레하게 볼을 간질이던 입맞춤의 감촉, 어떤 말로 할 수 없는 사랑의 그 언어 말입니다. 도무지 알 수 없는 영역입니다. 그래서 잊지 못합니다. 기억하거나 기억하지 못하거나 간에 잊지 못합니다.

하지만 기억에서 지워져 버린, 기억하지 못하는 아스라한 그 일들이 이 나이에 이르도록 날을 데리고 왔다는 분명한 내 서사의 단초 앞에 다소곳이 자세를 고쳐 앉습니다. 기억하지 못하지만 잊지 못하는 그것들에 이끌리는군요.

근원엔 늘 그리움이 머물고 있지요. 오늘은 내 안에 깊이 간직했던 펴내지 못하는 그리움 하나 꺼내 놓고 싶군요. 잊지 못하는 것들 속엔 기억하지 못하는 것들과 기억해 내는 것들이 혼재합니다. 기억하는 것에서 기억하지 못하는 것의 본연을 찾게 될는지도 모릅니다.

짧지 않게 인생을 살아온 나는 지금, 그 어느 것도 잊지 못합니다.

(2019)

우리 집엔 동물이 없다

눈을 닦고 봐도 우리 집엔 동물이 없다. 안팎 어디에도 없다. 개도 고양이도 한 마리 기르지 않는다. 이상한 일이다. 고양이가 창궐해 숨어 버렸던 쥐 한 마리도 눈에 띄지 않으니.

주인이 동물을 싫어 하니 당연한데도, 집을 둘러보다 휑한 느낌이 든다. 작은 정원에 나무와 돌뿐, 심장 울렁거리는 역동적 기운이라곤 없다. 오늘 따라 바람 한 점 없이 무풍한 건 웬일일까.

몇 번인가, 동물에 정을 붙이려 했던 적이 있었다.

아이들이 어렸을 적에 개에 뜻을 두었다. 추억을 만들어 준다는 의중이었다. 첫 인연은, 흰 털이 눈부셔 '은돌이'라 불러 주던 녀석. 내 집을 갖고 처음이라 유별나게 애지중지했다. 기와집 마당 모퉁이에 집도 반듯이 놓아 주고 숙취에도 녀석의 끼는 거른 적이 없었다. 데리고 동네를 돌며 정을 붙이기도 했다. 무엇보다 아이들이 좋아했다. 한데 어느 날 집을 나가고 들어오지 않았다. 수놈이라 발정 난 걸 모르고 방치한 게 화근이었을까. 철 대문 아래 뼘 반밖에 안되는 틈으로 기어 달아나 버렸다. 낮은 포록의 명수였던 모양이다. 불같이 일어난 생리적 본능을 살피지 못한 내 무지를 탓했다. 녀석은 끝내 돌아오지 않았다. 털이 흰 개만 보면 녀석 생각이 났다.

다음 녀석은 분양해 준 이 말로 진돗개 반종이라 했다. 혈통이 잡스러워졌다는 말로 들렸으나 진돗개란 말만 들어도 귀 솔깃했다. 누런 털이 유난히 고왔다. 아기 품 듯 했지만 녀석도 선연이 아니었다. 털이 벗겨지는 병충에 감염된 걸 이웃에서 키워 보겠다기에 그러라 건넸다. 명을 다했는지 보이지 않았다. 개는 영물이다. 잠시 품었던 정리에도 마음이 아팠다.

그래도 개에 미련이 남아 '토토'와 연을 맺었다. 오래 진돗개를 키워 온 지인에게서 분양 받은 녀석이다. 눈을 뜨자마자 데려다 여간 아끼질 않았다. 이번에야말로 제대로 키워 보자고 작심해 팔 걷어붙였다. 사흘이 멀다 씻기고 먹이도 좋은 것으로 사다 먹였다. 잔디마당에 놓아 같이 뛰고 함께 뒹굴었다. 꼬리 흔들며 펄쩍펄쩍 뛰는 녀석을 그냥 둘 수 없어 걸을 때면 으레 데리고 나섰다. 개는 빨리 큰다. 어느새 몸집 우람한 성견이 다됐다. 대견해 드나들 때마다 녀석을 끌어안았다.

한번은 목줄을 끌고 울 밖 덤불숲에 가 오줌을 뉘고 있었다. 갑작스레 앙 하고 내 손을 물지 않는가. 손바닥에서 피 몇 방울이 솟았다. 화가 나 주체하지 못했다. 손 가는 데 세워둔 장비로 한 대 내려칠까 하다 겨우 참았다. 안전에 두고 싶지 않았다. 길 건너 과수원집에 넘겨주고 말았다. 충성을 다하진 못할망정 주인을 물다니 말도 안되는 일 아닌가. 트럭에 태워 보내는데 뒤 한 번 돌아보지 않았다. 진돗개라는 말이 허망했다. 녀석은 과수원에 가서도 먹이를 주는 아이를 물고 놀러 온 이웃을 물어 막다른 데로 넘겨졌다 한다. 개는 개일 수밖에 없다는 추론에 이르게 됐다. 개와의 회상은 씁쓰레하다.

길고양이를 거둘 뻔했다. 대문 지붕에 올렸던 보리밥나무숲에 녀석이 새끼를 쳤다. 딱 한 마리. 황금색 털에 흰 줄 무늬가 눈을 끌었다. 앙증맞아 대번 혹했다. 한 달이 지나자 마당에 내려 기웃거리는 게 안쓰럽다. 한밤중 우는 소리가 하도 처연해 몇 번인가 깨곤 했다. 영락없이 젖 달라 칭얼대는 아기 울음소리다. 어미 발걸음이 뜸한 것 같아 고깃국에 밥을 말아 문간에 내줬다. 며칠이 지나자 경계심을 풀어 갔다. 나중엔 현관 앞까지 다가와 앉는다. 어느 날 새벽엔 동창을 열었더니, 코앞 테라스에 오도카니 앉아 눈을 맞춘다. 정이 들면서 이를 어찌해야하나 갈등이 생겼다.

그러던 중, 먹이를 그릇에 담아 주고 오는데 뒤가 이상해 돌아섰다가 깜짝 놀랐다. 먹이 그릇에 몸집 큰 두 놈이 진득이 달라붙었지 않은가. 한 가족이었다. 그 뒤로 그릇을 치워 버렸다. 이러다 동네 길고양이 급식소가 될 것이란 생각이 언뜻 들었다. 치다꺼리 한 게 달포쯤일까. 먹이가 끊기자 새끼고양이는 안절부절못해 했다. 울며불며 마당 언저리를 맴돌고 테라스와 현관 앞을 주억거렸다.

하지만 종내 거두지 않았다. 냉혹히 정 뗐다. 애초 그랬어야 했다. 길고양이와 나는 처음부터 무관했다. 끝까지 거두지 못할 것이면 연을 맺지 않아야 하는 게 맞다. 어설프게 정을 섞다 돌아서면 양쪽 다 상처를 입는다.

일 년을 두고 문간을 서성이던 고양이 가족도 지쳤던지 얼씬거리지 않는다.

야생은 질기다. 길고양이는 그냥 길에 놓아두어야 한다. 동정심에서 혹은 생명에 대한 애착이랍시고 손을 내밀었다 접어 버리면 야성이 어정쩡해질 뿐, 결코 도와주는 게 아니다.

오월의 마당에 사철채송화가 보란 듯 만개했다. 식물의 저 현란한 존재감이라니. 나비 두어 마리 날아와 한참 꽃 숲을 뒤적이고 있다. 꽃과 나비의 교환交驩이 절정인 한낮이다. 고것들 어여뻐 탐스럽다. 내 안에서 무얼 퍼 올리는 소리 들리고 지고 있던 짐을 부려 놓은 듯 몸이 홀가분하다.

직박구리 한 쌍이 활개 치며 마당을 가로질러 나뭇가지에 앉는다. 가지가 낭실대며 운율을 탄다. 하늘거리는 여운에 눈이 오래 머문다. 집에 개나 고양이가 없어도 된다.

(2019)

달력은 시간을 방전한다

달력이 책상 앞 벽에 걸려 있다. 한 해가 저물면 내려놓았다 새해로 밝으면 다시 걸고. 해마다 반복되는 일이니, 떠나지 않는 일상 속의 풍경이다.

달력은 일 년 365일을 열두 장의 종이에 얹어 놓은 시간의 시렁이다. 해가 바뀌면 1월의 첫 장을 열어놓고 매일 꼬치 빼먹듯 하루를 축내어 간다. 타성이 됐다. 2월, 3월, 4월, 5월……12월로 이어지는 게을러터진 행보. 끊이지 않는 행진이니 엄청난 방전이다. 시간의 관성은 일 년이란 일과성에 그치지 않는다. 뒤로 또 그 뒤로, 일 년을 수없이 풀어 놓는다. 행성이 멸망하지 않는 어느 시점까지 그것들은 더미로 쌓이고 쌓일 축적될 시간의 껍데기들이다.

한데 달력 속의 날들을 빼먹는 것은 시간의 일일 뿐. 사람은 범접하지 못한다. 간여할 영역이 아니다. 무조건, 달력의 날들을 시간에게 먹히면서 삶 속에 제약을 받는 게 사람이다. 달력 속의 숫자에 매여 앞뒤로 자유롭지 못하다. 한데 다른 것은 꼬치는 빼먹으면 남는 게 없는데, 달력은 지나간 날들이 그대로 남는다. 세월 속으로 퇴적될 시간의 잔해殘骸다.

흐를수록 시간은 탄력이 붙는다. 1월, 새로운 태양 앞에 앙가슴 열었더니 어느새 한 해가 반환점을 돌아 7월이다. 넘긴 달력 여섯 장을 앞으로 넘겨본다. 몇 년 전부터 버릇이 돼 있다. 시작점까지, 부질없는 후행後行에 몸이 휘청거린다. 달력이 죽어 간 시간의 껍데기들을 고스란히 싸안고 있으니 놀랍다. 왜 비듬처럼 털어내 버리지 못하는 걸까. 핏기 없는 하루들이 해골바가지들로 나뒹굴어 난장이다. 소름끼쳐 다시 7월, 달력의 현장으로 돌아와 버린다.

눈앞에서 7월의 달력이 새치름히 또 하루를 축내려 나앉았다. 하루하루를 줄 세워 쓰러뜨리는 양궁의 명수가 달력 뒤에 숨었나. 명수의 화살엔 실수란 없다. 그의 화살은 단 한 촉도 빗나가지 않아 또박또박 중핵을 맞힌다. 적중이다. 그뿐이랴. 힘껏 당겨 시위를 떠난 화살은 쾌속 질주로 전광석화다. 눈을 의심하게 한다. 우리말에서 '쏜살같다'라 한 것처럼 비유에 명중시킨 표현은 여느 나라 문장에서 찾기 힘든 수사修辭다. 텅 빈 부재 위로 하루들이 떠나간 자리에 잠시잠깐 찬바람 한 쾌기로 머물다 갈 뿐이다.

일 년 365일에 내 나이를 곱하려다 그만 둔다. 내 수리능력으론 읽지 못할 것 같아서. 이렇게 수많은 시간을 내가 언제 살아 냈던가. 내가 쌓아 놓은 죽어 간 시간이 옛 표현을 빌려 시산 혈하屍山血河라 놀란다. 그래서 인생무상인가. '인생은 초로草露'라 한 표현 또한 기막힌 은유다. 한평생 덧없음이 풀잎의 이슬이라 함이다. 동살 뒤로 해 나면 금세 스러지는 이슬.

이제 2019년 이 해도 뉘엿뉘엿 기울기 시작하겠다. 시위를 떠난 화살로 쏜살같이. 이 나이에 또 한 살을 얹겠다. 달력에게 무슨 말을 하랴. 제가 시간을 방전하고 싶어 하겠나. 쉴 새 없이 흐르는 시간을 그러모아 숫자로 달력이란 조립식 건물을 지어 한 해를 머물게 한 죄밖에 없다고 하소라도 하려나. 계면쩍은지 입꼬리 내리고 입 꼭 다문 채 시무룩해 있다.

달력에게 보내던 시큰둥한 눈길을 거둬 무덤덤하다. 한 해를 살아가는 내 삶의 흔적으로 그렇게 쳐다보고 그렇게 읽고 말 걸고 하리라. 달력은 시간을 방전한다. 하지만 애초 달력에 시간은 있지 않았다. 다만 한 해 한 해 세월이 안고 있었을 뿐.

시시비비는 그만 두자. 이를 어쩔 것이냐. 눈 깜빡할 사이에 또 하루가 저물었으니. 달력은 눈만 껌뻑거리고 있는데….

(2019)

덮어놓고

죽음은 태어난 그곳으로의 회귀다. 우리말 '돌아간다'는 그런 죽음의 정체를 반듯하고 투명하게 담았다. 한 생의 끝을 담백하게 정리한 철학이다. 자연의 이법인 걸, 무슨 수식이 필요할 것인가. 단지 동사 한 낱말로 말했으니 명쾌하다. 살아있는 자가 할 수 있는 최후의 움직임을 온전히 담은 아름다운 동사다.

덩컨 맥두걸이란 학자가 실험을 했다 한다. 사람이 죽은 뒤, 위로 떠오르는 영혼의 무게를 쟀더니 21g이었다는 것이다. 그렇다면 죽음에 다가갈수록 더 보태거나 덧대지 말고 불순물을 빼내야 한다. 21g의 무게로 훨훨 날아가기 위해서.

간간이 하늘을 쳐다보며 흐르는 구름을 바라봐야 한다. 새는 날기 위해 뼛속을 비운다. 맹렬한 다이어트다. 구름은 가벼우니 흐른다. 무게를 이겨내지 못하면 흐름을 포기하고 비로 내린다. 대지를 적시려 내리는 게 아니라 주체하지 못하니까 자리를 바꾸는 영묘한 선택이 비다. 경량급으로 아주 가벼울 땐 가랑비가 되고, 몸이 꽉 차 중량급일 땐 작달비로 되게 퍼붓는다. 그냥 폭우가 아니다.

거울을 볼 때 맨 처음 눈이 가는 곳이 입이다. 말하는 개폐장치인 그것, 얼마나 수많은 말을 뱉어 왔나. 실제, 말은 살아있는 실체임을 보이는 확실한 증거다. 말하며 숙고하고 배려한다고 눈빛이 번득이는 건 꽤 흥미롭다. 입은 희로애락을 표출하는 활발한 기능성 통로다. 입은 생명이다. 태어나면서 생명은 모든 신경이 입에 쏠린다. 입은 생래적으로 작동하는 최초의 행위로 젖을 힘껏 빨며 첫 시동이 걸린다.

한 생명의 생장은 입에 수많은 말을 담으면서 신호탄을 쏘아 올리게 된다. 명사 대명사 동사 형용사 부사 그중에도 말과 말을 잇는 조사와 접속어의, 구석구석 성실하고 섬세한 연결고리. 말은 과다한 번식력으로 수많은 씨앗을 퍼뜨린다. 그것은 바람에 날려 이곳저곳에 숱한 싹을 틔운다. 종이 흔해빠진다. 흔하면 잡동사니가 돼 눈에 나 버리기 쉽다. 희귀한 것이 존중 받는 것은 당연한 이치다. 적어서, 적은 만큼 깊고 그윽해서, 단단해서, 크지 않아 건사하기 쉬워서….

새벽에 동창을 열면 방안으로 공기가 폐부 깊숙이 들어온다. 덤벼들어 다퉈 가며 자리를 선점하려 한다. 한 호흡 속에 정신이 맑아져 정갈하다. 몸 안의 노폐물을 몸 밖으로 몰아냈기에 가능했다. 들숨이 받아들이면 날숨은 뱉는다. 청량음료보다 더한 삽상함이 온몸으로 퍼져 세포가 다 깨어나 야단법석으로 들썩인다. 참 신선하다. 한 호흡 속에 얼마나 큰 은총이 들어있는지 실감하는 순간이다.

아침형인 나는 되도록 일찍 일어나 새벽 호흡에 감사하며 살려 한다. 가슴속으로 치고 들오는 생의 환희가 일렁인다. 놓치고 싶지 않다. 이것이면 되는 것이고, 다 채우는 것인데 무엇이 아쉬울까. 이젠 어느새 욕구가 됐다. 될 수만 있다면, 오래 누리고 싶은 기회와 약속으로 한 관계망 안으로 나를 가두는 시간이다.

그리스 사람들은 진실의 반대가 허위가 아니고 망각이라 말한다. 맑은 영혼 위에 얼마나 많은 기분이 떠도는가. 가면무도처럼 얼마나 수많은 거짓이 춤을 추는가. 허투루 거짓을 말하는 사람들도 타고난 심성은 그렇지 않을 것이다. 나빠지는 것은 겪어 온 과거를 잊어서다. 자기가 한 일을 가마득히 망각의 포장 속에 덮어놓고 있다. 요즘 사람들 포장술이 현란해 단 한 번에 상대를 속이려 든다. 향기 없는 꽃을 가리키며 꽃이므로 향기가 있다 한다. 속아 넘는 사람은 선량할 뿐. 속이는 사람이 어리석은데, 이런 경우를 엇바꿔 인식하는 것이야말로 가치전도다.

자신의 과거를 포장하는 것은 자신이 겪어 온 시간 속의 일들을 덮어 버리는 것이다. 덮어놓고 사는 것이다. 뒤돌아보지 않고 성찰할 것을 잊고 사는 어리석음이다. 그래서 진실의 반대편에 있는 것이 허위가 아닌, 망각인가.

근원을 향해 한 걸음 내딛고 싶다. 많은 사람들이 남을 헐뜯고 폄훼하는 것은 딱 하게도 자신을 덮어놓고 한쪽에 기울어 버리는 편향적 '입'에 연유한다는 생각이다. 태어날 때부터 모든 신경이 쏠리는 게 입이다. 곧바로 젖을 빨아 생명임을 인증한 그 입. 입이 말한다. 부질없이, 속절없이, 구지레하게, 바늘 끝으로 찌르듯이, 때론 도끼로 내려치듯이.

말을 쏟아낸 뒤는 허탈하다. 입이 아픔을 넘어 뿌옇다. 그러면서도 나불거리는 입. 깔끔하게 산다는 것은 고약한 구습口習과의 싸움에서 승자가 되는 것이다. 그 싸움은 덮어놓고 이겨야 한다. 이기기를 원한다면 자신의 과거를 덮어놓고 싸움의 현장에 나서선 안된다. 과거를 돌이키면 길이 놓인다.

동살 틀 무렵, 세 시에 깨어 창을 열어젖힌다. 어느새 가을이다. 차가워진 산소가 허파 속 깊숙이 들어와 나를 뒤흔든다. 정신이 번쩍 들어 번뜩인다. 가을은 짧은 계절, 멀찌감치 겨울 오는 소리에 귀 기울인다. 겨울은 덮어놓고 맞아 되는 계절이 아니다. 투덜거리며 몇 번이나 계절 타령을 하게 될까. 내게 한 시간, 한 순간이 소중하게 오고 있다.

춥고 음울해도 무슨 갈망 하나쯤 품고 짜릿하게 맞이해야겠다. 겨울을 오롯이 딛고 나야지.

(2019)

여행 독해법

여행은 단지 떠났다 돌아오는 것이 아닙니다. 프리즘 너머 세상을 보는 것, 길 위에 서면 갖가지 사물들이 무지개처럼 알록달록하게 띠를 띠고 다가섭니다. 아이처럼 심장이 뛰고 가슴이 설렙니다.

계획과 사고는 상반되는 것, 들뜬 길 위에서 때로 예상했던 일과 예상 밖의 일이 충돌할 수 있지만, 그것은 계획과 즉흥이 균형을 깨며 나타나는 물적인 아주 작은 불화일 뿐이지요.

가 보리라 마음에 묻고 살던 곳과의 깊은 만남이 여행입니다. 섭렵이 아닌 통섭이고요. 그곳과 섞이고 부둥켜안아 교환交驩하는 것입니다. 떠나고 싶어 떠나는 단순한 낭만이 아닙니다. 보고 듣고 어루만지며 즐기려는 게 아닌 수행이고 문화이고 철학입니다. 그래서 언제든지 떠납니다. 반드시 그게 목적이라는 것은 아닙니다, 고민하다 웬만하면 떠납니다. 연휴에, 길사를 축하하면서 그것에 곁들여, 사랑의 약속이 빈 말이 아님을 증명하기 위해, 처음 가게 되는 공간의 낯섦에 끌려 바로 떠납니다.

가 보지 못했던 곳에 첫발을 딛는 것은 첫 경험의 환희입니다. 실은 가 본 곳이어도 상관없지요. 그곳도 다시 가면 생판 낯설어 보이니까요. 눈이 섬세해져요, 그때 못 보았던 것이 보이고 그곳 사람들 삶의 결에까지 시선이 머무릅니다. 아니면 그때 외경하던 것들에 한켜 쌓인 시간이 만들어 놓은 변화를 읽는 것은 명문의 행간을 음미하는 것처럼 사람을 희열에 들뜨게 합니다. 처음 보든 두 번 세 번 보든 그들 앞에 서는 것은 새로 수작하는 서로를 공명共鳴하게 하는 무엇이지요.

사람들은 떠남으로 변화를 기획하려 합니다. 호모 사피엔스다운 프로젝트입니다. 거기서 얻어내는 탐스러운 결과結果가 텍스트가 되는 것은 필연이지요. 책으로 탐구하거나 일상의 어둑어둑하고 좁은 제한된 범주 안에서 단지 학습하는 것만으로는 턱없이 모자라 변화에 닿지 못합니다. 미흡하고 결핍한 것을 알면서 그대로 방치하는 자의 개인사는 침체의 늪에 빠지고 맙니다. 여행은 개선하는 것입니다.

섬사람의 여행은 수평선을 넘는 이탈의 큰 행보이지요. 섬을 닫아 놓은 저 구획의 울타리를 넘어야 이를 수 있는 곳이 육지입니다. 애초 그것은 미지였고 기대와 동경의 땅이었습니다. 그곳으로 나아가려 버둥대며 안간힘을 다한 것이야말로 모험이었지요. 군함을 개조한 이리 · 평택호를 타고 목포로, 부산으로 가던 3등실은 토사물로 발 딛을 틈이 없었습니다. 냄새만 맡아도 멀미는 연쇄적으로 여행을 흔들었습니다. 하지만 뒷날 아침 육지에 닿는 순간, 초면의 흥분에 가슴 쿵쾅거려 간밤의 고통은 씻은 듯 사라지더군요. 폭풍의 바다를 건너 당도하던 육지라는 세계, 그것이 섬사람들을 설레게 했습니다. 이젠 8할이 배가 아닌 비행기입니다.

여행은 확장입니다. 그리고 새로운 곳으로의 진입입니다. 나그네의 가방에 떠나온 곳의 짐은 넣어 있지 않습니다. 저벅저벅 길을 가는 것이고, 어간 몰라보게 성장합니다. 그러니까 여행은 자신을 위한 가장 역동적 차원변이입니다.

놀라움, 사람이 한 생을 살면서 느끼는 놀라움 가운데 가장 큰 것이 여행 뒤에 바라보는 변화된 자신의 모습일 것입니다. 길지 않은 시간 동안, 자기도 모르는 새 변해 있는 것을 직시하는 발견의 순간 말입니다. 길 위에서 성숙한 내가 떠났던 그 자리로 돌아옵니다. 여행은 돌아오기 위해 떠나는 것, 귀소는 본능인 만큼 필연이면서 쾌락을 동반하는 짜릿한 전율입니다.

나를 내가 바라보다 내가 아닌 타자의 눈으로 바라보는 시각을 갖게 되는 게 여행일지도 모릅니다. 수련이라는 얘기이지요. 게슴츠레 주관에 갇혔던 눈이 객관에 가 있다면 그것은 놀라운 개안開眼 아닌가요. 명석하더라도 두뇌로 학문으로 하는 철학은 더 나아갈 수 없습니다. 내가 사는 세상에서 볼 수 없는 새로운 사물과 낯선 사람과 흔들리는 사회 속 부조리에 맞닥뜨리면서 여과하고 세척해 이뤄지는 게 철학의 본연일 것입니다. 이제보다 더 맑고 밝음에의 지향에 눈이 머물러야 해요. 가급적 오래 머물러야 하는 것이지요.

진즉 나는 여행에 빈곤합니다. 여행길에 서지 못하니 안타깝습니다. 일본에 두 번, 중국에 한 번 그리고 서부유럽을 다녀온 게 전부라 나이에 쑥스럽습니다. 그때는 신명에 발길 가는 곳마다 경탄, 경탄했었지요. 우줄우줄 눈앞으로 다가오는 풍물들, 그림이나 사진이 아닌 현장의 실물이고 실경이고 실체였어요. 터져 나오는 감탄을 틀어막느라 진땀 뺐지요.

모르는 세계를 꿈꾸고 동경하는 것은 낭만이지만 여행은 그렇지 않았습니다. 훨씬 그 위 어느 지점에 사실주의의 확고한 기반이 자리한다는 걸 체험했지요. 몸도 마음도 함께 반응한, 그것은 음악의 화성변주처럼 놀랍게도 몸까지 운율을 타 신나게 하는 것, 신명이었습니다.

걸을 수 있을 때 여행이지요. 걸음이 버거우면 여행을 내려놓아야 합니다. 흥겨움이 사라져 보는 눈, 듣는 귀, 사고하고 연상하는 머릿속이 맥 풀려 어수선하고 혼란해집니다. 아직도 나는 여행에 집착해 있어요. 하지만 오달지게 매달려 보지만 깜냥이 안되니 떠나지 못합니다. 여행은 추억인데, 많은 추억을 갖고 싶은데 가슴이 먹먹해 옵니다.

이렇게 움츠리면 더는 나를 확장하지 못합니다. 만남에 한계가 오고 통섭과 교통이 멈추고 말 것이 뻔해요. 어쭙잖습니다. 살면서 수행과 문화와 철학에의 갈구에 목마를 것이 두렵기도 하고요. 슬픈 일입니다.

몇 번의 여행 속 감미롭던 순간들을 되새기는 수밖에요. 상상이 도와준다면 어느 곳으로 훨훨 날아가게 될지도 모릅니다. 글을 쓰며 둥둥 구름으로 흐르며 그리게 될 허구의 세계가 그런 곳들일 테니까요.

(2020)

부록

《다시 읽는 이 달의 문제작》

〈작품론〉 박양근

'인지학으로서 수필과 발견의 사유'

인간의 삶은 무지에서 시작하여 앎으로 나아간다. 인식이라는 정신적인 여정은 목숨이 다하는 날까지 계속된다. 그 앎과 깨침의 세계는 철학의 공통적인 영역으로서 소크라테스가 "너 자신을 알라."는 횃불로 빛을 내기 시작하였다. 그 후 데카르트가 "나는 생각한다."고 부연하였고 베이컨이 "아는 것이 힘이다."라고 설파했다.

앎과 삶 사이에는 갖가지 방정식이 존재한다. 인간은 태초부터 눈에 보이는 세계와 눈에 안 보이는 세계 사이에 교량을 놓으려고 노력하였다. 물질적인 의식주, 정신적인 자정의 언어, 문자, 그림이라는 매개체, 인식 감수성 상상 등과 같은 힘조차 사람과 주변 세계를 연계시키려는 노력의 일부였다. 사고라는 디딤돌이 지금껏 대면하지 못했던 새로운 정신세계를 향하는 문을 활짝 열었다.

그 문으로 들어가려는 노력 중의 하나가 인지認知이다. '인지학'의 뜻은 '인간에 관한 지혜', 즉 '인간에 관한 참된 앎'이다. 사람(AntHropos)과 지혜(sophia)의 합성어인 인지학(Anthroposophy)

의 창시자 루돌프 슈타이너는 다음과 같이 설명한다. "인지학은 정신세계에 대한 과학적 탐구이다. 이 탐구는 자연에 대한 인식이면서 물질과학이 일깨우지 못한 신비를 꿰뚫어보고, 잠재된 힘을 계발시키려는 사람을 보다 높은 세계로 이끈다." 요약하면 인지학은 '인간에 내재하는 고도의 자아가 만들어 내는 지식'이다.

'인간에 내재하는 고도의 자아'는 동서양 철학자들이 탐구해 온 "나에 대한 앎"에 일치한다. 수필도 의식주와 자 · 정 · 의에 대한 앎을 기술하고 서술한다. 자연을 대상으로 하든, 삶을 소재로 삼든, 수필은 나에 의한 나의 발견을 이야기한다. 그런데 수필을 쓸수록 분명해지는 것은 나 속에는 타자가 가득 차 있다는 사실이다. 가족, 직장, 친구, 빵, 책, 신발, 가방, 자동차, 스마트폰…. 이런 구성원과 구성 물질들이 나에게 어떻게 작용하는가를 살피는 분야가 인지학이고 그렇게 인지한 내용을 기록하는 것 중의 하나가 수필이다.

인지학을 과학적으로 해석한 사람들 중 대표적인 인물이 오스트리아 철학자 슈타이너이다. 그가 정립한 발도로프 교육은 직관으로 인간 본성을 대면시킨다. 나아가 사람 안에 있는 정신을 우주 안에 있는 정신으로 끌어올린다.

깨달음에 이르고자 하는 욕망을 관찰하는 인지학은 3단계로 이루어진다. 우선 인간의 성장과 삶의 리듬, 생성과 소멸을 관찰하여 물질적인 자연 환경과의 관계를 살핀다. 두 번째는 영혼(psycho)의 영역 안으로 들어가서 사고, 느낌, 의지와 같은 내면의 삶과 육체와의 상호관계를 인식하고 무의식의 의식적인 삶에 끼치는 영향을 살핀다. 세 번째는 자아와 연결고리로 이어진 초인간계를 통해 자아가 가진 개성적인 정신(spirit)을 파악하는 것이다. 인간 운명에 답하는 인지작용은 육체의 소멸과 상관없이 대대로 반복되면서 인간을 변환시켜 '너 자신을 알라.'는 자아 성찰력을 활성화한다.

매번 새로움의 경계선을 뛰어넘는 것이 인지의 본성이다. 자연과학이 외면적이고 물질적이고 육체적인 인간을 연구한다면 인지학은 내면적이고 정신적이고 영혼적인 인간을 보다 구체적으로 분석해 낸다. 수필도 일상의 탈일상화, 개인의 탈개체화, 육화의 탈육화를 도모함으로써 더욱 깊은 존재성의 본질을 파악한다는 점에서 인지학과 상당한 연관성을 맺고 있다.

이번 이 달의 문제작에서는 인지학이라는 개념을 수필평에 도입하기로 했다. 육체적 생멸을 논하고, 인간 영혼으로 들어가 물질과 정신과의 관계를 논하고, 초인간계의 스피릿과 접촉하려는 인지방식이 어떻게 이루어지고 그 특징은 무엇인가를 다루고자 한다.

김길웅 〈밥 3〉

사람의 생존에 필요한 기본조건은 의식주이다. 먹고 입고 자는 것 중에서 가장 현실적인 문제는 먹는 것이다. 마찬가지로 김길웅은 밥을 제재로 삼아 인간의 존재성이 어디에 있고 무엇인가를 다루고 있다. 밥을 먹고 빵을 먹고 국을 먹고 반찬을 먹는다. 이 모든 것이 밥이라는 단어에 포함될 때 밥은 '한 그릇의 밥'이 아니라 '먹는 모든 것'을 지칭하는 대명사가 된다. 밥이라는 단어로 지구상의 모든 생명이 살아갈 조건을 제시하는 김길웅은 밥에 대한 지각 활동을 시작한다.

서두는 '별안간 머릿속을 밥이라는 단어가 점령했다.'이다. '별안간'이라는 부사에는 '마침내'라는 함의가 숨어 있다. 76세의 그가 비운 밥그릇 숫자는 무려 8만 3220끼니이다. 밥을 못 먹으면 생명도 건강도 잃는다. 살아온 수명을 밥그릇 숫자로 계산하는 방식이야말로 사느냐 아니냐에 대한 체감효과가 가장 크다.

밥이 어떤 의미를 지니는가는 단계적으로 구현된다. 밥이 육체적 생물학적 수명을 유지하게 해주는 것임을 깨닫는 것이 인지의 첫 단계라면 두 번째 단계는 밥이 인간 정신에 미치는 영향에 대한 인식이다. 밥이 만들어지려면 곡물을 심을 토지와 땀 흘려 벼를 키우는 농부와 벼를 쌀로 만드는 여러 노동자가 필요하다. 쌀과 농부와 노동자가 있어야 소비자가 먹는 밥이 완성된다. 밥에 대한 그의 인지작용은 정신과 육체의 합성으로 이루어진다. "요즘 들어 밥통의 밥을 손수 밥그릇에 퍼 담는다."는 동작은 일하는 강도에 따라 밥의 양이 결정된다는 점을 알려준다. 밥에 대한 태도가 물질적에서 정신적으로 이동했다는 설명이다. 이러한 인지작용이 밥을 소재로 수필을 쓰게 하는 동력이라고 하겠다.

축낸 밥만큼 이치에 통달했는지도 모른다. 이제야 밥에 대해 정색하는가. 한 톨 쌀알이 나오기까지 여든여덟 번, 농부의 손을 거친다 하니 웬만한 노고가 아니다. 그 노고란 게 농부가 흘린 땀의 총화-땀이 쌓이고 쌓여 종당에 남은 축적물이 밥이란 의미일 것이다. 나는 농촌 태생이라, 수없이 밭을 드나드는 농부의 발걸음 소리에 귀 기울여 일찌감치 그 노고란 걸 목도하며 자랐다.

쌀이 나오기까지 여든여덟 번의 손길이 필요하다는 사실은 '농부는 땀으로 양식을 장만하는 위대한 일꾼'이라는 진화된 개념을 만들어낸다. 농부의 땀이 쌀로 바뀜으로써 '우리에게 일용할 양식을 주옵시고….'라는 식사기도는 농사는 성스러운 노동이므로 쌀과 밭과 농부에게 경건한 존경심을 가져야 한다는 인식을 일깨워 준다.

밥과 쌀에 대한 인지활동은 계속 이어진다. 생각의 시간이 늘수록 쌀에 대한 앎은 인간의 노동과 연계시키려는 노력은 더욱 확장된다. 작가는 쌀을 매체로 인간과 자연 간에 인지라는 고리로 연결하려 한다. 이런 인지의 3단계는 자아가 고양되는 효과도 낳는다. '농부는 땀으로 일용할 양식을 생산하는 일꾼'이라는 정의는 '농사는 생명을 살리는 성스러운 노역'이고 '농부의 밭은 성지'라는 개념과 합쳐진다. 밥은 땅과 물, 불과 바람, 이슬과 빗물이 스며 있고, 공깃밥 한 그릇, 배춧국, 김치 한 접시가 놓인 밥상을 지구와 우주와 인간을 유기적으로 생각할 수 있는 경건한 사유의 무대로 설정한다.

종국적으로 밥의 가치와 본질이 분석 종합된다. 작가는 밥을 사유의 시렁에 올려놓음으로써 '나는 생각한다. 고로 존재한다.'는 준거를 마련한다.

밥은 삶의 준거準據다. 온갖 사고와 행동거지가 밥에서 발원한다. 우리는 밥에 울고 웃는다. 실제 그러면서 궁핍과 혼란 속에서 어둡고 지루한 역사의 터널을 지나왔고, 암울하던 시대의 강도 건넜다. 관념적 · 철학적 사변을 떠나 실재하는 게 삶이고 현실이다. 때론 단순할 필요가 있다. 얼토당토않아 해도 살기 위해 먹어야 했고, 먹기 위해 살아야 했다, 밥을.

'밥은 실재하는 현실'이라는 개념이 정점에 이르도록 밥과 관련된 다양한 단어가 합쳐진다. '소식하는 나, 내가 축낸 밥' 외에 '보리밥, 조밥, 고구마밥, 쌀밥, 오곡밥, 톳밥, 수수밥, 메밀범벅'을 열거한다. 잡곡밥은 퓨전과 하이브리드로 소개하며 어린 시절에 눈물짓게 했던 반지기와 1960년대에 베트남에서 수입한 알량미도 빼먹지 않는다. 무엇보다 절집 요사채에서 대접받았던 공양을 경건하게 풀어내어 "밥은 하늘이다."라는 의미를 완성한다.

밥에 대한 김길웅의 인지는 마침내 종교적 세계로 접어들었다. 밥을 생명의 보시로 여기는 인지단계는 '깨달음의 열락'이라는 문구로 구체화 된다. 발우공양은 정신과 육체에 미친 밥의 공덕을 요약한 최종 표현이라도 볼 수 있다.

양반다리로 밥을 먹는데 그릇에 수저 부딪는 소리커녕 숨소리도 안 들린다. 밥 먹는 곳까지 따라와 앉은 숨 막힐 듯한 산사의 고요. 그 속으로 함께 가라앉은 건가. 낯선 절밥에 끌린 건가. 나는 사뭇 무화해 있었다. 평소 뭘 먹을 때 심한 쩝쩝 소리도 온데간데없었으며 눈으로 공허의 실체를 보고, 그것의 촉감을 만지고, 그것의 향기를 맡고 있었다. 밥 티 하나 남김없이 먹고 나서 물로 헹궈 천으로 닦아 시렁에 얹던 발우공양은 색다른 체험이었다.

작가는 살기 위해 밥을 먹는다는 일상적 상식에서 벗어나 자신과 우주와 하나라는 심정으로 밥의 희생을 받아들인다. 일흔여섯 살까지 축낸 8반 3220끼니가 단순한 숫자가 아니라 가늠할 수 없는 희생과 보시의 무량수임을 자각한 작가는 이제 감사와 깨침의 상징과 물상으로서의 밥을 먹는다. "먹는 게 밥을 밥으로 존재하게 하는 것이지."라는 '먹히는 존재'로서 밥은 인간과 자연과 우주를 엮는 사색의 키워드이다. 식사를 마친 그는 무엇을 생각할까. 아마 나는 나로서 어떻게 존재케 하는가 하는 자문자답이라고 여겨진다.

(『수필과비평』 2019년 12월호)

《계간 비평》

운명, 시간, 문화 그리고 언어의 향기

서 숙

| 문향에 잠기기 |

분주하게 복잡하게 온갖 것을 욕심내고 추구하면서 버둥대다가가도 삶의 일정 부분에서 문학의 향기를 누리는 시간이 할애되어야만 살아갈 수 있는 사람들이 있다. 이들은 영화 뮤지컬 음악회 미술전시회 오페라 발레 등등 온갖 예술 문화의 장르가 다양해도 책이 주는 즐거움을 최고로 놓는 사람들이다.

언어 안에서 즐거움을 누리고 기쁨을 놓치지 않으려는 사람들끼리는 은밀하게 통한다. 창작을 하건 그냥 독자이기만 하건 상관없이 언어의 향연을 누리는 것이 꼭 필요한 사람들이다. 그래서 도서관 등에는 크고 작은 독서클럽들이 항존한다. 그러한 언어의 향유와 문학 추구 바탕 위에 수필이 존재한다.

한 수필가는 '나의 글의 어느 한 부분에서라도 고개가 끄덕여지고 미소 지을 수 있다면 그것으로 충분하다.'고 수필집 서문에서 공손하게 말한다. 그의 말에 공감하는데 이번 호에도 그런 단락이 여럿 있어 반갑다.

김길웅의 〈내 리스크〉의 이 구절은 어떤가.

> ‘수필이건 시이건 문학으로 흐를 수 있는 언어의 바다 위 내 범위는 어디까지일까. 분수 모르고 나불대는 아이처럼 들뜨고 설레기도 했다. 하지만 문학은 그냥 쓰는 것일 뿐 누가 금 긋듯, 주추 놓듯 이만하다 계량화하지 못한다. 팔딱이는 싱싱한 날것의 언어에 에워싸여 울고 웃고 할 뿐, 지나고 돌아보면 시간의 퇴적이 의식의 하구에 작은 섬 하나로 앉아 있곤 하는 것. 그 발견이 황홀해 오늘도 책상머리다.
>
> \- 김길웅의 〈내 리스크〉 중에서

철학자 칸트는 오전에 강의를 하고 오후에는 주로 동네 아주머니들과 수다를 떨며 시간을 보냈다고 한다. 아마 그는 그 가운데 자신의 방대한 관념론에 대한 정지작업의 틀을 마련했을 것이다. 수다란 곧 대화를 통한 소통이다. 수필도 어찌 보면 한바탕의 수다가 아닐는지. 그러나 독자는 가만히 귀 기울여 주는 여유를 가지면 그것으로 문향 만리, 마침 천리향의 향기가 베란다에 그득하다.

(『계간 隨筆』2020 봄호 통권99호)

| 발문 |

부별로 앞에 아포리즘과 7매 수필 5,6편을 실어 본격수필에 앞세웠다. 근래로 오면서 장편수필의 성장이 주춤한 것 같아 발돋움했으면 하는 의중이다.

좋든 궂든 속도시대를 견뎌내면서 적응해야 하니, 우리는 '짧은 것'에 대한 애착을 버리면 안되는 현실을 살고 있다. 긴 것은 산만에 흐를 수밖에 없다. 수필에 간간이 압축 · 요약 · 암시의 기법을 끌어들이면 울림을 더해 여운의 묘미를 극대화할 수 있음을 경험한다. 충분한 실험 단계를 거친 것이다.

깎고 쪼아 다듬고 빻고 으깨고 짓눌러 응축해 형성된 공감대에서 화자는 은근슬쩍 빠지고, 그 빈자리에 독자가 들어서도록 자리를 깔아 주는 방식이다. 수필은 작가와 독자가 깊이 만나 통섭하는 양방향의 문학이다. 구성상 결말에 이르러 작품을 완성하는 것은 독자의 몫이란 생각은 내게 시종 확고하다.

마침 박양근 평론가의 손을 거치게 된 데다, 서 숙 평론가의 계간비평이 정곡을 짚었기로 이를 다소곳이 발문 자락에 앉힌다. 표제작 〈읍내 동산 집에 걸린 달력〉 연작 1 · 2를 꺼내 작품 동기와 배경에 대해 간략히 입을 떼려 한다.

밝히고 싶은 게 있다. 전제하거니와. 독백이 될 것을 단호히 경계했다는 것이다.

〈읍내 동산 집에 걸린 달력〉, 제목이 길고 낯설지 모른다. 수필을 몇 년 쓰다 보니 무의식중 매너리즘에 빠져들 위기에서 버둥대는 자신을 발견해 놀랐다. '그 나물에 그 밥'이라거나 '라면 먹고 이 쑤시기'란 말은 그 속에 시퍼런 칼날을 품고 있다. 늘 그 자리, 그 범주, 그 수준에서 맴돌려는 타성과 나태가 작동한 결과다. 내게 선언했다. '써도 그만 안 써도 그만인 글은 쓰지 말자. 답보 이전에 무위無爲요, 무효요, 무의미다.'

작은 각성이 왔다. 30년 써 온 수필이 아직도 허물 한 번 벗지 못한다면 안되는 일이다. 고민을 시작하면서 제목을 내놓은 뒤, 구성에 이르러 오래 뒤척이며 옥상에 올라 산을 등지고 바다만 바라보았다. 그래서 풀어놓은 게, 의당 '달력'이라 열두 달 배열 방식이 돼야 한다고 했다. 월별로 내 삶을 토대로 그 속의 사고와 대상을 응시하는 관법과 그에 결부해 시간으로 흐르는 운율에 의탁해 수사학적 쾌감을 빚고자 한 것이다. 실험성이 있었던지 힘들었다. 이 두 작품에서 내가 만난 언어는 고통이고 일탈이고 반란이었다.

4월_반나절은 마당을 거닐며 시간을 버리고, 하오엔 하늘을 우러러 한 조각 꿈을 줍는다. 땅을 보던 눈이 하늘에 가면 수평 수직이 교차하며 만나는 지점으로 사색의 실마리 하나 파닥인다.

세상 이곳저곳 훑던 눈에 날개를 달아 심신이 날것으로 물을 튕긴다. 땀땀이 자수로 삶을 뜨다 보면 문양이 다채로워 대상으로 스미는 시선이 깊다. 가뭄에 심층으로 뿌리 내리는 나무같이 사랑에 목마를 때, 철학은 심오해야지. 책을 편다.

-〈읍내 동산 집에 걸린 달력 1〉 중에서

읍내 동산 집에 걸린 달력이 달랑 한 장 남았다. 한 해의 가뭇없는 소실에 마음 스산하다. 가 버린 해는 돌려놓지 못한다. 일 년이란 날들을 달력에 걸어 놓고 곶감 빼먹듯 또 외상없이 써 버렸다. 마른 잎은 바람에 사각이기도 하는데 시간은 소리 없이 스러질 뿐이다. 시간이 지난 뒤엔 잔상도 잔해도 없다. 정 떼려 작정하고 떠나면서 무슨 말을 할까. 다시 새해가 눈앞이다. 부질없더라도 동산 집에 새 달력을 걸자. 삶이다.

-〈읍내 동산 집에 걸린 달력 2〉 중에서

글의 첫 낱말은 신의 선물이라 했다. 수필을 쓰면서 그 첫 낱말에 환호해 무릎을 쳐 본 작가라면 공감하리라 믿는다. 한 단락씩만 인용한다. 당장 내 수필에 차원변이 같은 어떤 큰 변화가 온 것은 아니다. 힘들어도 내게 뿌리칠 수 없는 따뜻한 손길이 와 닿고 있음을 느낀다. 언젠가 썩 달라진 내 수필과 마주할 날이 올 것이다. 그날이 눈앞으로 정인처럼 당도하기를 기다리고 싶다. 나는 아직 좋은 수필에 목마르다.

김길웅의 제8수필집
읍내 동산 집에 걸린 달력

초판인쇄 2020년 4월 20일
초판발행 2020년 5월 04일

지은이 김길웅
펴낸이 노용제
펴낸곳 정은출판
주 소 서울특별시 중구 창경궁로 1길 29 (3F)
전 화 02-2272-9280
팩 스 02-2277-1350
이메일 rossjw@hanmail.net
ISBN 978-89-5824-407-3 (03810)

값 13,000원

* 이 책은 제주특별자치도, 제주문화예술재단의 2020년도 문화예술지원사업의 후원을 받아 제작되었습니다.

* 이 책은 마포구에서 개발한 Mapo애민체를 사용하여 제작되었습니다.